上野加代子 Ueno Kayoko

虐待リスク

構築される子育て標準家族

養育者の被虐待歴、愛されなかった思い、しつけ主張、母若年、未婚、婚外妊娠、不自然な転居歴、料理・掃除ができない、父母の年齢差、経済状況（生活保護・助産券使用・医療費未払い・市民税非課税・多額の借金・不安定就労・世帯収入が生活保護基準を下回っている・無職）、反社会的行動、親の犯罪・服役、劣悪住居、機関介入拒否、地域で孤立、入院中・退院時でのトラブル、望まぬ妊娠、出産状況（多子）、子どもの分離歴（長期入院、施設入所、親以外の養育者等）、障害児、ひとり親、頻繁な受診、産後鬱、精神科通院歴、子どもの万引き等の虞犯行為、不登校、年齢不相応な性的言動、内縁の親子関係、義父母、夫婦不和、親のアルコール依存、異性の友人が出入りするひとり親家族、DV被害

はじめに

誰もが反論できない言説のひとつに「子どもの命を救う」がある。近代社会においては子どもの命を救うことが至上の価値であり、それにもとづいた実践が不可欠だとされている。近年、この実践は親の虐待の犠牲になる子どもに照準されている。子どもに致命的なダメージが及ぶ前に養育者から子どもを離すことが重要とされる。現に、米国をはじめとする児童虐待の防止対策を掲げている国では、この考えのもとに、通告を奨励することで虐待する養育者を突き止め、家族を調査し、子どもを避難させる虐待防止システムが作動している。日本もそういう諸外国の実践を学んできた。しかし、子どもの命を救うのか、否か、と私たちに迫る二者択一の主張には問題がないのだろうか。

まず、どのように児童虐待防止の実践が行われているか、原理的なところをみていこう。虐待する養育者を突き止める際には、専門家の偏見や先入観、恣意的な考えが入らないように、「客観的に」「科学的に」「エビデンスにもとづいて」なされなければならないとされる。

近年では、児童虐待の「リスク」項目表が作成されている。これは虐待のリスクアセスメントと呼ばれており、それに沿って専門家がチェックする。リスクアセスメント表に沿って収集した情報をもとに、養育者を虐待の危険度に応じて分類し、危険度が高ければ児童相談所が子どもを一時保護し、それほど高くなければ「指導」、「見守り」や「経過観察」に置くという流れになっている。子どもにかかわる様々な機関で独自のリスクアセスメントが開発・使用されている。とくに児童虐待のゲートキーパー（門番）として位置づけられている母子保健において、怪我や低体重などの子どもの状態以外にも、親の出産年齢、性格、トラウマ歴、経済状況、妊娠状況、流産歴、不安定就労、離婚、多子、健診未受診、外国籍など、様々な項目がリスクとして挙げられている。しかし、この虐待リスクを評定するやり方には、いくつかの問題点が認められている。これが児童虐待防止の取り組みの本当に正しい方向なのか、という議論が先達の国々の専門家から出されているのである。詳しくは各章でみていくが、本書の全体をスケッチするために主な点に絞って、簡単に紹介する。

第一に、このような表に入っているリスク項目は妥当なのか。専門的な仮説や経験的な知識に照らして児童虐待に関連すると仮定された項目から、調査を通して統計的に有意な差をもつ項目がリスク要因として確定され、リスク項目表（リスクアセスメント表）が作成されることになる。しかし、「リスク項目」と「児童虐待」は、それぞれ独立しているわけではない。虐待を複数のリスク項目から判定しているので、リスクが高いから虐待だというのは当たり前である。たとえば、保育に欠ける家庭の経済的な困窮は、リスク項目であり、かつネグレクトと判定される根拠となる項目でもある。虐待の発生に関係がありそうだから、子どもを守るために、様々なものをリスクアセスメント表に入れておこう、という発想は偏見や差別と結びついていたり、社会政策の不備が家族の責任となっていたりで、実はとても危ないことである。

もうひとつの問題は、リスクアセスメントが特定のジェンダー規範にもとづく輪郭がはっきりした家族像のネガとして作成されていることだ。そこでは、夫婦と子どもからなる家族の形態、子育ては母親の責任だという考えが前提にされている。母親としてのあるべき行動や家事遂行度といった点への期待が大きく、父親はもし考慮されても補助的な位置づけである。母親が、男性保護者の暴力から子どもを守ることも含めて、子どもの保護の責任者だということになる。母親による集中的な子育てを規範とする家族モデルは、特定の時代、社会、地域、民族、文化に規定されるものであるにもかかわらず、そのモデルから逸れている養育者がハイリスク群としてリストアップされ、見守られ、子どもが一時保護の対象となりやすく、親子分離につながる可能性が高い。

実践の場では、個々のケースにおいて、家族に与える環境的、構造的なリスクへの聞き取りが行われるが、それらは家族の側の問題としてみなされる。リスクアセスメントの使用がそういう設計になっているからである。リスクアセスメントにみられる、保育を欠く状態、貧困、不安定就労、安全性を欠く住宅などは、児童虐待防止政策、福祉や貧困対策、雇用や住宅対策などの不備、つまり社会政策に帰属するリスクだととらえることができるが、そうはならない。あくまで個々の家庭のリスク、養育者が解決するはずだった問題としてとらえられる仕組みになっている。そしてこのようなリスクアセスメントを使いこなせることが援助専門職である、という考え方が台頭してきたのである。しかし、子どもや親たちを虐待リスクの高低で分類することの、当人たちへの長期的な影響はよくわかっていない（Stanley 2018）。

このような標準化されたリスクアセスメントの使用が浸透していった背景については、すでに欧米で研究がなされている。共通するものとして挙げられているのは、虐待事件の報道によって引き起こされた人々の義憤と、それへの公的・官僚主義的な対応である。機関の管轄下において家庭で子どもが親からとんでもない暴行を受けたり、死亡したりしたケースで、子どもを措置しなかった判断が客観的、科学的であったと反論し、世論の批判から機関とソーシャルワーカーを守る必要があるからである。「親が幼い子どもを死なせた」というメディア報道で驚愕し、「関係機関は何をやっていたのか」という世論のバッシングが作られる。日本でいう「児相（児童相談所）叩き」である。限られた予算と人員のなかで、関係機関には客観的に対応している旨を説明することで責任を果たすという方法しか残されていない。個々のソーシャルワーカーも、虐待死報道で大きくなった「親への不安」にもとづき、他者（子どもを養育する家族）をリスクの高低によって分類する。状況が悪化したとき、「リスクを見分けることができなかった」として非難を浴びるのは現場の担当者だからである。こうした対応によって、社会に起源がある問題の個人への責任転嫁という大きな解釈の読み替えを伴っていることがみえにくくなる。

欧米での児童虐待防止対策を批判的にみていく議論は、日本では「揺さぶられっ子症候群」とそれに付随した児童相談所の一時保護をめぐるものにほぼ限定され、それ以外はほとんど紹介されることはない。なぜだろうか。「子どもの命を救う」こと自体が善なので、その動きを抑制すると受け取られてしまう研究や発言は悪と指弾されるからである。「揺さぶられっ子症候群」に疑義を示す医学や法学の専門家の見解も、「次に子どもが死んだらあなたに責任を取ってもらう」といった言葉で封じられてきた。皆、慎重になり、結果的に、現状の政策が追認される。病院や保健センター、保育所や学校といった現場の子どもに関係する機関で働く人たちには、現行制度のもとで万人に課せられることになった虐待通告の義務が周知徹底されている。実際に虐待容疑がかかった親はどうなるだろうか。反論できるだろうか。実際にはかなり難しい。「協力的でない」、「敵対的」だとみなされれば、それがさらなる虐待のリスクとなる。状況を必死に説明すればするほど、児童相談所の職員に反論すればするほど、「虐待者にみえてしまう」というのは経験した親が共通して語ることである。そして、子どもが虐待で施設入所になってしまうと家族再統合プログラムを経なければ家庭に戻ってくることはないが、虐待を養育者が認めなければ、このプログラムはそもそも開始されないのである。どの段階においても、養育者が「反省」しないことは障壁とされる。

このようなリスクアセスメントを用いた児童虐待防止システムで、問題が解決に導かれるか。筆者は懐疑的である。

リスク概念の台頭には、社会保障ならびに社会福祉の考え方の大きな変化を伴っている場合が多い。児童福祉から児童保護へのシフトと名付けられているもので、親への長期間にわたる援助やサポートより、調査と子どもの保護だという考えに政策の重点が移る。そういう意味で、現在の児童保護とは、「福祉に過度に依存する」ことなく、親が子育てをすることが前提とされる政策だと言うことができる。そして、専門家は、子どもに危害が加えられるリスクを発見することが使命であるから、保護者の細やかな一つ一つの動作や行動、暮らしぶりを見張ることになる。養育者には、現在、幾重もの虐待リスクチェックがかかっている。養育者が納得のいかない形で子どもが一時保護となるケースは今後も続くだろう。子育ての相談で専門機関を利用しようと考える養育者も少なくなる。というのも、相談したという事実がすでに育児不安であり、それ自体がリスクや虐待予備群だとされてしまう仕組みがすでに存在しているからである。養育者が安心して相談できるところがなくなっている。

さらに、SNSの普及で、乳児家庭全戸訪問事業での家庭訪問、母子手帳交付や様々な保健所の健診などの機会が、胎児や乳幼児の発達状況のみならず、親の虐待傾向をみるためのものであることは、いまや多くの母親が知るところである。母親たちは、鬱尺度の問診表に正直に回答したり、育児不安を保健師に相談するとどうなるのかの危惧や実際の経験をtwitterなどにあげている。機関への敵対的な態度やサービスの拒否が虐待のリスクとされているので、親は行政の施策に対して従順的に対応せざるをえない。援助者側と援助を受けるはずの親が、本来の意図や気持ちを隠して、互いに演じ合う関係へと変質してしまっている。

本書では上記のような点を詳しくみていくが、その構成を簡単に記しておきたい。

第1章では、日本で虐待を受ける子どもや虐待をする養育者の存在が、どういう人たちによって、どのようにみられてきたのか、虐待を発見するその方法がみえる三つの時期――①二〇世紀はじめに社会事業家が児童虐待防止事業を行い、児童虐待防止法が帝国会議で制定された時期（目視）、②一九七〇年代、小児科学がバタード・チャイルド・シンドロームの概念を日本に導入した時期（レントゲン）、③一九九〇年代以降から今日にかけて児童虐待問題が全国民の問題として制度化された時期（リスク）――に焦点をあてて検討する。各時期で顕著であった三つの発見方法は、今日の児童虐待防止対策の柱（通告後の四八時間以内の目視による安全確認、医師のレントゲン所見、そしてリスクアセスメント）を成している。

第2章では、日本において一九九〇年代から児童虐待問題への危機意識が形成されてきたなかで、個人の内面に焦点をあてた規律型テクノロジーの現代的形態である心理療法的なアプローチと、保険数理的なリスクアセスメントによる虐待防止の両方が、児童虐待対策のなかで不可欠なものとして位置づけられ、全ての子育て家族が、新しい統治のテクノロジーが鍛えられる場となってしまった過程をみていく。

第3章では、児童虐待問題防止の政策においてリスク要因の選択的な採用により、子育て家族に認められるであろう、年齢、民族、地域、生活形態などによる多くの差異や多様性がリスクとして塗りつぶされて、一枚岩の「子育て標準家族」像がつくられてきたことを批判的にみていく。第4章では児童相談所で一時保護には至らなかったが経過観察になった事例研究の再分析から、社会福祉でニーズとして扱われていたものが、どのようにリスクとして読み替えられてきたのかを明らかにする。この第3章、第4章で児童虐待のリスクアセスメントや児童虐待の事例をとりあげることで、虐待リスクとは疑う余地のない「事実」や「統計的事実」というより、ネオリベラルの福祉体制において、他のあらゆる解釈の可能性から、まさしく児童虐待のリスクだとする解釈を刻みだす新しい営みであることを示す。

第5章では、児童相談所で「揺さぶられっ子症候群」や「ネグレクト」と判定され、実際に親子分離を経験した親へのインタビューから、児童虐待防止システムに組み込まれている「子どもを守れない親」「親は嘘をつく」という強固な見方が生み出す対応の問題、そして養育者が虐待を認めるか否かが、親子分離のあとに家族再統合プログラムの開始の鍵となるシステムの問題を浮かび上がらせる。冒頭に記したように日本の児童虐待防止は、通告と調査に主眼をおいた「児童保護志向」である。しかし、児童虐待問題を認識した各国においても、この問題への対応には相違が認められ、その違いについてはいくつかの類型に分けられている。この章では対応の国際分類をみていくことで、他のタイプから何が示唆されているのかを、ある地方都市の保育所の実践を紹介しながら考察する。

第6章では、虐待を疑われた家庭の子どもが児童相談所の一時保護をどう経験したのか、それが自分のその後の人生にいかなる影を落とし続けているのか、本人が記した文書から検討する。虐待を否定した場合、親だけでなく、子どももまた、「嘘をついている」とみなされ、深く傷ついてしまう。この子どもに降りかかったことは、家庭支援センターや児童相談所の対応が「逸脱」したからでも「誤認保護」ゆえでもなく、現行の児童虐待防止システムが「正常」に作動した結果である。それゆえ、この子どもの語りは、このシステムへの根源的な問題提起となっている。

第7章では、二組の外国籍の親からみた、日本での子育てと児童虐待防止対策の課題を探り出す。インタビューのなかで児童虐待防止対策について外国籍の親が説明を受けていないことが示されているが、この対策が実際にどのように働いているのかについて知らされていないのは、何も外国籍の家庭に限ったことでもないからである。リスクを発見するアプローチに共通する、実施側が真の目的を伝えず、専門家の手の内をみせない児童虐待防止対策の限界を見定める。

第8章では英国で台頭したヤングケアラー概念をめぐる英国での論争の一端を紹介する。

ヤングケアラー概念が広がったゆえに、公的に支援を求めることが親の能力の欠如を証明し、不十分な親とされ、子どもを取り除かれる不安を抱えることになる。ヤングケアラーを見つけ出す調査がなされ、ネグレクトとの関連で議論がはじまっている日本において、十分な介助サービス、バリアフリーの環境などが社会的に整えられてさえいれば、そもそも子どもが登場する場面はないという英国自立生活運動からの問題提起は意義が大きいように思う。

最後の第9章では、現行のリスク・アプローチによる子どもの保護の問題性を、ソーシャルハーム・アプローチから浮き彫りにする。日本の児童虐待対策では、養育者家庭に明確に照準を当て、その有責性を問うてきたが、この問題性は犯罪学のソーシャルハーム・アプローチによって鮮明に照らし出される。このアプローチは、犯罪学が刑法で問われるような犯罪と、市場経済の失敗といったことでカテゴリー化されるものとを区別して、前者のみを大きくハイライトすることで社会から排除されたり社会に依存しているとみなされた人々を虐げ、他方でネオリベラルな国家体制や巨大企業のハーム（害）に言及してこなかったことの問題性を追及するからである（山口 2019）。この章では児童虐待防止対策を、普遍主義的な収入保障や福祉サービス、そしてアイデンティティの承認の議論に位置づけなおし、変革の契機を探る。

以上が本書の構成である。

本書は、「子どもの命を救う」ことをめざしてなされている数多くの取り組みを否定するものではない。しかしそれらが、児童虐待防止の取り組みに集約され、多くの反論をさえぎってきた状況とその結果を批判的に問うていく。

日本では児童虐待相談対応件数は統計を取り出した一九九〇年度以降、一度たりとも減少せずに毎年増え続けている。虐待の疑いの通告をさらに促し、家族療法やカウンセリングや親業クラスにつなげることで養育者の態度変容を促すという米国型の対策を効果検証もせずに継続し続けるか、それとも社会保障を整備し、子育てサービスを充実していくことで、児童虐待だと判定されるような状況のいくつか――現状は「虐待リスク」として家族に張り付いている事項――を社会の責任で確実に減らしていくか。二〇〇〇年に児童虐待防止法が制定され、本格的な虐待防止対策がはじまって二〇年以上の歳月を経た日本において、抜本的に議論されるべきである。何を問題だとして認識し、どんな対策を設計するのか。これは、私たちがどういった社会でどういった種類の関係を他者と築いていきたいのか、という事柄にかかわってくる。本書がその議論のための一助となれば幸いである。

虐待リスク——構築される子育て標準家族　目次

はじめに　3

第1章　児童虐待の発見方法の変化——目視からレントゲン、そしてリスクへ　21

1　目視による発見　22
2　レントゲンによる発見　32
3　リスクによる発見　42

第2章　心理と保険数理のハイブリッド統治　48

1　心理化　48
2　リスクアセスメント化　53
3　心理と保険数理のハイブリッド統治　59

第3章　「子育て標準家族」はどこから来たのか　69

1　リスク配分のポリティクス　69
2　虐待リスクについての議論　72
（1）作成段階　74
（2）使用段階　76
3　「子育て標準家族」の構築　81

第4章　ネオリベラルな福祉　86

1　児童福祉から児童保護へ――ニーズからリスクへの読み替え　86
2　児童虐待事例再訪　88
3　ネオリベラルな福祉――新しい責任主体　97

第5章　親による親子分離の語り　102

1　児童虐待問題の位置づけ——国際比較研究による三つの分類　103
（1）児童保護システム　105
（2）コミュニティ・ケアリングシステム　106
（3）家族サービスシステム　106
2　親子分離を経験した親へのインタビュー　109
（1）Aさん　111
（2）Bさん　113
（3）Cさん　117
3　日本の「児童虐待防止システム」の問題点　121
4　国際比較研究からの示唆　129

第6章　一時保護を経験した子どもの語り　139
1　一時保護の経験――Aさんの語り　140
2　児童虐待防止システムの「正常な」作動　150
3　インターセクショナルな差別　155
4　「例外状態」としての児童虐待　158
（1）「例外状態」　158
（2）望ましいソーシャルワークの「例外」　161
5　不可能な任務――調査と援助の二重の役割　163
第7章　多文化と児童虐待　166
1　虐待という視点　168
2　外国籍の親からみた日本の児童虐待防止対策　172
（1）韓国人家族　173

（2）ベトナム人／カナダ人家族　176
3　何がなされるべきか　178

第8章　「不十分な親」の構築――ヤングケアラー概念の批判的検討　184
1　ヤングケアラー概念の台頭　188
2　ヤングケアラー概念のどこが問題なのか――英国の議論を参照して　188
（1）財源配分と福祉カテゴリー　189
（2）「不十分な親」の名指し　192
3　依存をめぐる対立構造　197

第9章　ソーシャルハーム・アプローチの挑戦　202
1　虐待の有責性をめぐる議論　203
（1）親というアイデンティティの否定　203

（2）環境要因の自己責任化メカニズム　206
2　ソーシャルハーム・アプローチ　214
3　経済と承認の社会的再配分　217
4　交渉の様式　219
5　揺さぶられっ子症候群への異議申し立て活動　225

あとがき　233
関連する初出原稿　235
文献　252
索引　257

第1章

児童虐待の発見方法の変化

目視からレントゲン、そしてリスクへ

日本で児童虐待とはどういう状態を示し、どのように認識できると考えられてきたのだろうか。本章では、この問いを歴史の時間軸からみていこうと思う。ただ、歴史の記述には選択がつきものであり、故にどういう立場や関心でみていくかを示す必要がある。ここでの記述は、児童虐待の歴史を通観するということではなく、別の要請に沿っている。それは、虐待を受けている子どもや虐待を行う養育者の存在というものが、どういう人たちによって、どのようにして見えてきたのか、というより大きな関心枠組に照らし、虐待を発見していくその方法の違いがみえるステージに焦点を当てるということである。

具体的には、日本で児童虐待の発見についての議論が台頭した三つの時期を取りだす。①二〇世紀はじめ、社会事業家が虐待防止事業を行い、児童虐待防止法が帝国議会で制定された時期、②一九七〇年代、小児科学が、「バタード・チャイルド・シンドローム（Battered Child Syndrome）」の概念を米日本に導入した時期、そして③一九九〇年代以降から今日にかけて児童虐待問題が全国民の問題として制度化された時期である。本章ではこれらの時期が、目視で発見できると考えられた時期、レントゲンや医学検査をしなければ発見できないとされた時期、理論で推定された因果関係にもとづいて統計的に確証された虐待の諸リスクアセスメントなしには十全に突き止められないと考えられるようになった時期に、それぞれ対応していることを明らかにする。そして、これらの各時期で現出した発見方法は、今日の児童虐待防止対策に取り込まれ、その柱——通告後の四八時間以内の目視による安全確認、医師のレントゲン所見、そしてリスクアセスメント——を構成している。

1　目視による発見

日本において児童虐待の発見をめぐる組織的な関心は、二〇世紀はじめ、明治時代に遡ることができる。虐待防止事業の創始者とされるのは東京出獄人保護所主管の任にあった原胤昭である。原は出獄人保護の傍ら児童虐待防止事業を始めるが、そのきっかけは、一九〇九（明治四二）年、新聞紙上で取り上げられていた「赤坂の鬼夫婦事件」にあるとされる（原 1909）[1]。実の子どもに焼火箸をふりあげ、豪雨のなか屋外に吊しあげるなど、様々な折檻を夫婦で行ったのが近所の評判になり、警察が介入した事件である。その家を訪問した原が目にしたのは、乱雑な室内に立っていた「汚いものを跨いで、真裸のままで、しかも臀部は汚いものにまみれて、疵だらけ痣だらけの、色蒼ざめた痩せこけた子供」（原 1909: 192）であった。家のなかと子どもの様子を一見すれば親が子どもをどのように扱っていたかは歴然としていた。原はこの子どもを引き取り、日本最初の児童虐待防止事業に着手していくのである。

原の事業は、新聞雑誌にある記事や、官署および虐待を知り得た者からの通報によって、被虐待児を発見・保護していくという方法で行われた。一〇〇人ほど子どもを保護したが、原自身、出獄人保護事業で多忙を極め、虐待防止事業のほうは次第に「世間に忘れられて」（原 1922: 72）いった。

原に次いで児童虐待防止事業を手がけるのは、救世軍の山室軍平である。これも、新聞で報道された事件が直接の契機になっている。一九二二（大正一一）年、浅草の「はつちゃん事件」である。はつちゃんという十歳の少女が、貰い親に、繰り返し虐待されて殺害され、首と手と足を切断されて川に投棄された惨事で、新聞で報道され世人の耳目を集めた。原はこの少女惨殺事件を阻止できなかった非力を悔い、山室に虐待防止事業の創設を助言し（原 1922）、救世軍に児童虐待防止部が設置される。篤志の人から電話か書面で、被虐児童の存在について連絡をうけ、救世軍の士官が出張し、事実関係を調べ、必要に応じて警告や保護を行うという方法で活動を開始したが、早くも翌一九二三（大正一二）年の関東大震災で停滞を余儀なくされ、活動は「中絶」状態に陥る。救世軍が実質的な活動を再開するのは、一九三三年の児童虐待防止法の制定を待ってのことである（山室 1922, 1934）。

児童虐待防止に特化した法律を作る必要性については、内務省の嘱託の地位にあった生江孝之らによって説かれていた。生江は米国留学や海外視察などの経験から、日本においても「事実上、虐待を受くる児童の少なからざる現代に於ては、児童虐待防止に関する法律を設け、これを一般刑法中より分離し、虐待者を処罰すると共に、必要の場合には、其の児童を虐待者より別置して、其の期間親権を剥奪すること」（生江 1923: 294）を提案していた。また、当時、児童虐待防止法の制定が議論された背景には、一九二九年の米国発の世界恐慌の影響で、大量失業と農村の窮乏が悪化し、欠食児童、母子心中、貰い子殺し、児童の身売りなどが以前にもまして深刻な社会問題として浮上したことが指摘されている（古川 1992）。一九三〇（昭和五）年に、ある貧民窟で養育料目当てに七〇人以上の貰い子を次々と殺害していた地域ぐるみの事件などが発覚し、貰い子殺し報道が新聞紙面を賑わしたことも法制定を後押ししたとされている（三島 2005）。

そして一九三三年、児童虐待防止法案が第六十回帝国議会に提出された。この法案には、各種の虐待の事実が増加しその性質も著しく残忍苛酷となる傾向にあり、とくに近年の財界の不況の影響をうけてこの種の悪性の行為はますます増加し、保護救済の方策を講じることが緊切である、という内容からはじまる法案理由書が付けられている（日本検察学会 1933）。では、増加し残忍苛酷になっている虐待の中味とはどのような行為だと考えられていたのだろうか。児童虐待防止法は、一四歳未満の子どもに対して保護者が監護を怠った場合、保護者に訓戒や条件付き監護命令の処分を与え、あるいは子どもの親族や他の家庭や施設への委託を定め（第二条）、軽業、曲馬、戸口や道路における演出あるいは物品の販売などをさせて子どもを虐待すること、するおそれのあることを禁止・制限した（第七条）。つまり、法は一四歳未満の子どもに対するすべての保護者の責任を問うているが、家庭内での虐待というより屋外で特殊な労働を強いられていた子どもの救済に主眼があったことは第七条の中味が、見せ物、乞食、物売りや歌謡、芸妓・酌婦・女給などの宴席の接待であったことに明らかである（昭和八年八月二日公布、内務省令第二十一号）。

法律の制定年、内務省社會局が『兒童虐待の事實に關する調査』を実施し、虐待を三五件報告している。報告書に記載されている典型的な「虐待の事實」は、養親や雇用主がチンドン屋や法界屋などで子どもに芸能や乞食等させ、就学させず、酷使し、収益が少ない場合に折檻するというものである（内務省社會局 1933）。また、一九三九年に刊行された東京府の報告書では、児童虐待防止法施行から五年間で収容保護された被虐待児は一九九名で、予想に反して実の父母から保護された子どもも多く含まれていたが、保護された子どもは監護懈怠によるものが四四％、虐待行為によるものが五六％であり、虐待行為の分類では乞食が四五％と最も多い。主に木賃宿に宿泊したり、住所不定で浮浪する親の子どもが保護されたのである（東京府学務部社會課 1939）。

すなわち、明治の終わりから児童虐待防止法の時代にかけて、児童虐待の概念は、特殊業務での児童労働を中心に貰い子殺しや折檻責め、浮浪児などであり、主にこの問題は貧困問題や物品販売や歌謡遊芸などの「弱い稼業」[2]と結びつけられていた。もちろん、山の手の中流家庭での厳しいしつけがこうじて虐待になったケース（山室 1922）や、子どもが活動写真館に出入りしているのを家族も社会も傍観している「社会の全階級」においてみられる「広義の虐待」（三田谷 1916, 1917）、あるいは人に苦痛を与えて自ら快感を感ずる変態的な「サディスムヌ」（倉橋 1933）などが指摘されることもあったが極めて稀であり、全般的にみれば児童虐待とはある特定の階層と結びついた問題であり、貧しい子どもを貰い受け労働搾取する道徳的に退廃した大人たちとその犠牲になる子どもたちの問題として扱われたのである。そして、そのような問題は、係官が周囲から情報を入手し、現場に入り、その状態を実際に見ることとさえできれば判別できると考えられていた。係官に特別な専門知識や研修が不可欠であるとか、医学を介在しなければ発見できない疾患や問題だということではなかった。

ところで、この時代、親権者や後見人による子どもへの労働搾取であれ折檻や放置であれ、そのような状態にある子どもを見つけ保護しなければならないという眼差し、また虐待防止の協会を設立し、法律を制定しなければならないとするロジックは、一体どこから来たのであろうか。

この問いを考える上で重要であるのは、児童虐待防止事業がどういう人たちの手によって推進されたかを検討してみることである。

二〇世紀初め、日本において児童虐待の発見をめぐる組織的な関心は、海外視察や留学などを通して欧米の児童虐待防止の動向に知悉していた社会事業家によって立ち上がった。原、山室、生江は、児童虐待に限らず、囚人、障害者、貧民、公娼制度、少年犯罪、結核などに関する様々な社会事業を手がけていたが、キリスト教徒であり、欧米の社会事業の事情に詳しかった。欧米では一八八〇年代頃から、慈善団体によって各種の社会事業が開花し、そのなかで児童虐待防止の協会も創設された。日本の児童虐待防止活動の先人たちは、その欧米の児童保護実践を見聞し、わが国の不足点を嘆いていたのである。つまり、欧米では児童虐待防止の協会が設置され、関連法律も整備され、問題に本格的に取り組んでいるのに、日本に特定の協会も法律もないのは遺憾である、といった主張が繰り返しなされたのである。

たとえば、生江は米国で社会事業を学び、英国や米国などの海外の児童虐待防止事業を詳細に研究するなかで、いまや世界中の文明国のほとんどが防止協会を設立しているにもかかわらず、「東洋唯一の文明国なる日本に於て、未だ同會の創設を見ざるは何ぞや」（生江 1909: 163）と日本の遅れを警告した。救世軍の山室は、英国の児童虐待防止協会を視察した経緯などから、西洋で行われているような虐待防止運動が、日本においても「国民的大運動」として展開できないものかという思いで、救世軍の社会事業として開始したと記している（山室 1934）。原も、欧米にある児童虐待防止事業が日本には無いことを気に留めていた（原 1909）。

また、ドイツに留学経験のある医師で、帰国後、児童・母子保護の社会事業家として活躍した三田谷啓《さんだやひらく》も、欧米各国の児童虐待防止協会の活動を紹介するなかで、日本に未だ存在しないことは社会的救済事業が「幼稚」であることを証明するもので、誠に悲しむべきことであるとして、児童虐待防止協会の設立を待望した（三田谷 1917）。内務省も、欧米の児童虐待防止事業について研究を積み重ねていた（内務省社會局社會部保護課 1929, 藤野 1934）。児童虐待防止法の制定に際して、内務省社會局社會部長の冨田愛次郎は、「欧米の文化の進んでいる国にして子供の尊重をしない国家というものを知らない」（冨田 1933: 26）として、サーカスに子どもが一人もいないドイツの曲馬団の例などを挙げている。法制定を「八大産業国の一つに進み、その他軍備、教育其他社會の各方面に於て非常に進歩」（冨田 1933: 26）をしている日本の品位を向上させるものとしている。すなわち、日本の児童虐待防止事業は、いわゆる人道的な動機にとどまらず、社会事業のメニューを整え西洋の文明大国に負けることのない東洋の文明国家を目指すという目的にも叶ったものであった。

もうひとつ、この時代の児童虐待への取り組みには、非理非道の行為を行う大人から子どもを守るだけではなく、同時に社会を被虐待児から守るという「社会自衛」の目的が強調されていた点を付け加えておきたい。

日本初の児童虐待防止事業は監獄改革や出獄人保護事業で知られた原によって開始されたが、原は「犯罪するような性情が、どうして生ずるかということを研究していると、虐待された子供が、やがて犯罪者になるのではないかということを、多くの実例によって教えられる」(原 1912: 6) といった発言を繰り返している。原によると児童虐待防止事業とは「犯罪人の卵子、犯罪の子種である被虐待児童を救護し加害を防止する事業」(原 1909: 189) であり、被虐待児が犯罪に手をそめていくメカニズムは次のように説明される。虐待された子どもは、不幸に死ぬが、死なない場合は不虞廃疾になる。片輪者にならぬところで根性曲になり、九や十歳になって虐待を避けて家出し浮浪児になり、物を盗み不良少年となり、さらに盗業者となり、挙げ句の果てに強窃盗放火殺人という大罪を犯すにいたる。したがって、大犯罪人を未然に防止するのは、虐待防止事業の設立如何にかかっている (原 1909)。そのような説明であった。

精神病理学や治療教育学を修めた医師の三田谷も、親が子どもを著しく虐待した場合は、子どもはいじけ、なかには浮浪者になり、あるいは虐待者を復讐する目的で危害を加えたり、精神異常を来したり、なかには自殺するものも現れる、と記している（三田谷 1917）。

救世軍の山室も、「多くの不良少年少女が、家庭の冷淡と虐待とから生まれるといふ事実を知る以上、児童虐待は、単に一個人、一家庭だけの問題でなく、社會上の重大なる問題として、努めてその事のないように防止しなければなりません」（山室 1934: 545）と子ども時代に受けた虐待と、その後の人生の犯罪行為との関連性に触れている。

生江も、「児童が不幸にも、其の父母若しくは後見人より日常虐待を受くる如き、悪環境に成長すれば、其の結果は必ず他方面に現れざるを得ない。或は不具廃疾となって、獨立の生活を営むことが出来ないか、若しくは不良少年となり、犯罪者と化して、自己の生涯を誤り、社会の安寧秩序を害するに至るか、その何れにしても、多くは自己を誤り、社會を害ふものとなる。」（生江 1923: 272）などと、児童虐待防止を社会自衛の目的と明確に結びつけていた。

そしてこの時期に、社会の自衛の視点が最も顕わにされていた論文といえば、朝日新聞社副社長であった下村宏による、児童虐待防止を人種改良策と結びつけた「非常時の日本の財政もよほど助かる」であろう。下村によると、日本の人口が増え、その質が増してきたことで満州事変が起こったが、優秀な民族が向上発展するのは当然である。逆にいえば、民族の質が退化すれば日本の人口も減少し、民族の危機を招くことになる。国策の根本問題は人種改良である。精神的・肉体的に頑丈でなければ、戦い抜くことがない。虐待をうけ精神的・肉体的に好ましくない子どもがその後に社会に及ぼす危害や経費を考えれば、子どもを保護して指導することは「ソロバン」勘定に合う。児童保護の急務たるはあまりに自明のことで、日本の国民全体の人間の改良の一端と見なさなければならない、といった主張である（下村1933）。

このようにみていけば、児童虐待を社会的な対応を要する問題としてみる眼差しや問題化のロジックは、児童愛護の精神や子ども本位といったことだけなく、文明国家・産業国家の治安維持や非常時の財政負担の軽減、さらには人種改良までの、国益保持にも由来していたということができる。

2　レントゲンによる発見

児童虐待の発見方法ということで見落とすことができない次の時代は、一九七〇年代である。この時代、レントゲンや医学検査による被虐待児の発見が医師たちによって議論されたからである。これは、欧米——とくに米国——からの影響を直接受けていることから、まず、その欧米での展開を簡単に記しておきたい。第二次大戦後の英米の小児放射線学は、肉眼ではわかりにくいが、レントゲンには映る不自然な骨折を探し当てた。小児放射線科医は、変形した子どもの骨を映し出した多数のレントゲン写真を学会誌に症例として報告し始めたのである（Caffey 1946, 1957, Silverman 1953, Woolley et al. 1955）。そして一九六二年、米国の小児科医ヘンリー・ケンペたちの研究チームが「バタード・チャイルド・シンドローム」というタイトルの論文を『米国医学誌 *Journal of the American Medical Association*』に発表する（Kempe et al. 1962）。ケンペらは、全米の病院から集めた臨床事例をもとに、とくに三歳以下の子どもに、様々な程度や種類の外傷が認められる場合が少なくないことを示した。そして「臨床の所見と親から得た病歴データとの間には著しい不一致があって、それがバタード・チャイルド・シンドロームの主要な診断上の特徴である」（p.18）と、親による暴力の介在を指摘したのである。論文には、乳幼児の骨折を示すレントゲン写真が掲載されていた。「子どもが幼すぎるか、あるいは恐怖で話せない悲惨なストーリーを骨が語っている」（p.18）。つまり、レントゲンでの発見方法は、子どもの過去の骨折歴と親の嘘という、肉眼では見えないものを映し出したのである。レントゲンが使用されなかった時代には見えず、別のカテゴリーでくくられていたかもしれない子どもが、親から暴行を受けた被虐待児として姿を現した。児童虐待への社会的な対応は、このケンぺらの論文が引き金になって一挙に進み、虐待の疑いのあるケースを該当機関へ通報するように義務づける「通告法」の必要が唱えられた。一九六三年から六七年までの五年間というきわめて短期間に、児童虐待通告法は米国全州で制定されるにいたったのである（Nelson 1984, Paulsen 1966, Sussman and Cohen 1975）。そして同時期に、このバタード・チャイルド・シンドロームの概念は米国内だけでなく、英国など他の経済先進諸国にも波及していった（Griffiths and Moynihan 1963）。

このような欧米の状況を日本にいち早く報告したのは小児科学の医師たちである。そのひとりは、後に『日本子どもの虐待防止研究会』（現『日本子ども虐待防止学会』）の会長に就任する小児科学の小林登である。米国でのインターン経験を有する小林は、東大小児科の教授に就任後の七〇年代初頭、『こころの科学』誌上で、上記のバタード・チャイルド・シンドロームが欧米の医学の研究対象になっており、国際小児科学会で重要なテーマの一つとして議論されていると報告した（小林 1972, 1973）。

一九七〇年代はじめには、日本で児童虐待に関心を寄せて医学論文を書く医師たちも出てきた。これらの論文は小林同様、すべてケンぺたちのバタード・チャイルド・シンドロームとその後の欧米小児科学の展開を意識したものになっている。以下に順にみていこう。

日本医科大学小児科学教室の橋本清は、『日本医事新報』に寄せた「最近における診断と治療の進歩」の解説文のなかで、「最近わが国では、肉親による乳幼児の虐待が社会問題となっているが、米国では、Kempe が一九六一年に小児科学会総会で、The battered child syndrome（虐待児症候群）として取上げて以来、小児科医の関心を惹くようになった」（橋本 1971: 33-34）と記している。そして「わが国では、この問題に関する医学文献はほとんど見当たらないが、最近の社会の趨勢に鑑み、医師として充分に心にとめておかねばならぬ問題」（橋本 1971: 33）とした。この解説のなかで、橋本は、はやくも米国小児科学におけるバタード・チャイルド・シンドロームの典型的なとらえ方を紹介している。すなわち、「虐待する親が、経済的、社会的地位などとは関係がなく、知能も低いとはかぎらず、医師を訪れる際も自らが虐待したことは話さず、親の説明と臨床症状が一致しないことが多い」（橋本 1971: 34）という問題の階層遍在性とレントゲン診断でわかる親の嘘である。

同時期、日本の児童虐待のもっとも初期の「医学症例研究」であると後の研究者から言及されることになる論文二本も、医学専門雑誌に掲載された。ひとつは、埼玉県小児保健センターの佐竹良夫が一九七一年、『小児科診療』に著した「小児の虐待――Battered-child syndrome」である。

「すでに欧米ではBattered-child syndrome, child abuse or maltreatment syndromeという clinical entityが確立されて小児科のtextbookにも載っており、それに関する研究や報告も少なくない。わが国でもこのことがやがて医学的な問題として評価されるときがくると考えられる。そこでニュース・ソースをもとにわが国の実状の一端をながめ、さらに小児の虐待の臨床像や社会的背景などについて述べたいと思う。」（佐竹 1971: 213）

ここでニュース・ソースとあるように、佐竹は、患者を診たわけではない。朝日新聞縮刷版の記事のなかから、ケンペらのバタード・チャイルド・シンドロームの臨床症状に当てはまるとされた八つの新聞記事を診断したのである。

もうひとつの症例研究は、一九七三年、『日本医事新報』に広島大学医学部小児科教室の新田康郎らが発表した論文「被虐待児症候群について」である。新田たちは、来院後四日後に死亡した一歳八ヶ月の女児と、すでに呼吸停止・心音聴取不能であった七ヶ月の男児の二つの症例を出している。そして米国でのBattered Child Syndromeの定義・発生頻度、症状・診断、社会的背景の説明、そして米国での対応や親の治療の紹介に論文紙面を多く割いた。そのなかで「Kempeは自験四〇〇例より両親の社会階層、貧富、人種、宗教、教育レベルなどには密接な関係がないと述べている」（新田ほか 1973: 10）とし、親自身が不幸な子ども時代を経験していることや、スウェーデンでなされた研究から加害者のひとつのパターンが「知識階級」の親たちの病理で、そのグループに被虐待症候群という診断がもっとも該当するという精神医学の研究にも言及している。

このようにバタードド・チャイルド・シンドロームについての論文が日本の小児科学にも紹介され始めて間もない一九七四年、小児科学の学会誌『日本小児科学雑誌』が「被虐待児症候群――Battered Child Syndrome」の「説苑」（長畑 1974）を、雑誌『小児科』が「被虐待児症候群」の「綜説」（橋本 1974）を掲載した。日本では虐待や遺棄のニュースが目立って増えてきていること、日本には被虐待児の実数についての統計資料がないが、米国で増えていることから、日本でも少なくないと記した。橋本も、新田らが引用したケンペの調査から「あらゆる社会階層、人種、宗教にわたっている」（橋本 1974: 835）という報告に着目していた。またこの時期、東京都府中療育センターの高屋豪瑩たちも、母親から「叱打」されて転倒し後頭部を打ち死亡した一歳男児の硬膜下血腫の一症例をバタード・チャイルド・シンドロームとして報告している（高屋ほか 1974）。この論文は、一九七〇年代初期までは、乳児や幼児の硬膜下血腫と診断されていたものが、一九七〇年半ばから加害者が親であれば、バタード・チャイルド・シンドロームとして診断可能であることを示したといえなくもない。バタード・チャイルド・シンドロームの概念がなければみえず、別の診断カテゴリーで括られていたかもしれない子どもが、親から暴行を受けた被虐待児として日本の医学にも姿を現し始めたのである。

このようなことから、七〇年代前半、ひとにぎりの小児科医の関心は次のようなものだったと考えることができる。米国を中心に欧州でも小児科医らによって児童虐待は医学的な問題として頻繁に扱われており、小児科学のテキストなどに記載され、症例報告が相次いでいる。日本を見渡せば、マスコミで親が子どもを殺める同様の報道が相次いでおり、日本でも稀なことではないはずだ。にもかかわらず、日本の医学はこの問題を扱っていない。

現に、一九七四年までの初期の数少ない児童虐待の医学論文は、高屋らの症例研究を除いて、欧米に較べて日本の小児科学が「立ち後れている」ことに触れている（佐竹 1971, 新田ほか 1973, 橋本 1974）。さらに重要であるのは、一九七〇年代中頃から、日本に Battered Child Syndrome が紹介されていないことが被虐待児症候群を診断できない原因であると指摘されていたことである。子どもをつれて病院を訪れるときに事実を言う親はいないので、外傷、火傷、骨折という診断はできても、病因診断がなされないままである（橋本 1974）。日本では症例報告が少なく、被虐待児症候群の医学的診断基準を知らないので、医師は親に簡単にだまされてしまい、被虐待症候群を見過ごしている（諏訪 1975）。そのような指摘であった。

ここで注目されるのは、被虐待児症候群の診断が外傷や骨折診断とは別とされている点である。レントゲンを撮り新旧の骨折の混在を調べ、栄養状態や皮膚の損傷、眼球内出血、内臓損傷など患児の全身の状態を調べる必要があるが、それだけでは十分ではない。親は「もともと出血傾向があった」（橋本 1974: 884, 橋本 1977: 1554, 長畑 1974: 310）、「階段から落ちて怪我をした」（長畑 1974: 310）、「自分でひっかくくせがあって常に傷あとがたえない」（諏訪 1975: 456）とか述べるのが大多数で、このような親の説明と理学的所見などとの不一致から、子どもを急患として自ら連れてくる一見普通に見える親の嘘を見やぶらなくてはならない。子どもの服装はきちんとしており、親の態度も普通の状態で、社会的にも適応しているので、表面的な観察だけでは親の加害を見抜くことができない（長畑 1974）。「ころびやすい子で、すぐに物にぶっつかる」（諏訪 1975: 456）かどうかは入院させてみればわかる。このような主張が、欧米のバタード・チャイルド・シンドロームに関する諸研究を引用しながら、日本の小児科学でなされたのである。養育者の子どもへの身体的暴行である虐待はもはや一目瞭然のことではない。実証が難しく、専門知識のある医師でなければ診断ができない疾患になったのである。

ところで、児童虐待に早くから関心を持っていたのは小児科の医師だけではない。児童精神医学の池田由子が一九七〇年代から問題提起していた。

池田は、一九七七年、『精神医学』に掲載された「児童虐待の問題について——精神衛生と福祉の立場から」という論文のなかで、被虐待児症候群という外科的な狭い概念にとどまらず、「児童虐待」として、性的虐待などを含め、米国の児童虐待の歴史と現状、ならびに日本における現状と今後の課題を説明している（池田 1977）。そして一九七九年に池田は『児童虐待の病理と臨床』を著すことになる。「私は、いかなる文化、いかなる社会でも、また、いかなる時代においても存在した児童虐待について、現代の児童精神医学の観点から事例研究を通して考察してみたいと考えた。」（池田 1979: 13）。このような池田の児童虐待をみる視点はどこから来たのかということであるが、それを考えるヒントとなるのは、池田も自らの米国滞在経験と児童虐待と関連させているということである（池田 1977）。池田は、ケンペたちの「The Battered Child Syndrome」論文が出る時期に、米国に滞在し、児童虐待のメディア報道の過熱を実際に耳にしていたのである。

つまり、一九七〇年代に児童虐待に関心をもった医師たちは、児童虐待問題の日本のパイオニアとされる小林登や池田由子のように米国滞在経験が関心の引き金になっているか、英語の専門雑誌論文や専門書を読み、Battered Child Syndrome を知るに至ったということである。日本で「児童虐待」を発見した医師たちは、臨床場面で患者を診ていたというよりも、むしろ西欧の医学の Battered Child Syndrome をめぐる研究動向と日本国内の子殺しの新聞報道を観察していたといえなくもない。

このように、児童虐待が日本の医師にどのようにして「みえてきた」のかを概観していくと、欧米の動向をチェックし、新聞報道をみて、虐待の問題イメージを形成していたことなど、戦前と共通している。違いは、社会事業家が中心になった戦前の虐待防止の議論が『慈善』などの雑誌や報告書、また講演などを通じて提示されたのに対して、一九七〇年代のそれは医師によって医学専門雑誌でなされ、その中味は主に親による三歳児以下の子どもの虐待の議論からはじまっていた点である。また、子どもに労働させるという家庭の外での虐待ではなく、ここでの議論は主には、子どもを自ら病院に連れてくる社会的にも適応しており見た目には普通である親による家庭内を舞台とする虐待であった。

ところで、一九七〇年代前半から一部の小児科医と精神科医にみえるようになった虐待であるが、それがすぐさま臨床医学の共通の知識となったかといえばそうではない。

『今日の治療指針』は、一九五九年から毎年継続して刊行され、その時代の日本の治療のスタンダードを目指すというのが編集方針であることから、その年の臨床医学が重要とみなす項目とは何かを知るうえでの格好の題材であるように思う。『今日の治療指針』の索引で児童虐待関連の項目を調べていくと、一九六〇年代や七〇年代には全く記載がなく、初出が八〇年代で、一九八二年と一九八五年版である。「被虐待児症候群」の項目で説明がなされている。そして、「被虐待児症候群」が毎年継続して記載されるようになるのは日本の小児科学が問題提起してから二〇年近くも時を経た、一九九〇年代に入ってからである。

3 リスクによる発見

児童虐待が一九九〇年になって社会問題化された、という表現は誤解を招きやすいのかもしれない。みてきたように明治時代の末から児童虐待防止への取り組みが認められており、一九三三年には児童虐待の名を冠する法律が制定されていた。児童虐待「増加・凶悪化」説も、子ども時代に受けた虐待がその後の人生を破壊するといった子ども時代決定説も、戦前から論文や講演録や新聞に散見されていた。ただし、それらは社会のごく一部の人たちの議論であった。戦前の児童虐待防止法については、「今回児童保護の法律が出来たからと云つても、世間では恐らくそんなものが出来たといふことすら知らない、又聞いてもよく分らないので無いかと思ひます」（下村 1933: 10）と危惧されていたように、社会事業の関係者、営業不可能になることを恐れる軽業・曲芸・サーカス団などの各営業団体、そして法執行官といった人たち以外が、この法を日々の生活で意識していたわけではないだろう。同じことは、七〇年代のバタード・チャイルド・シンドロームについてもいえる。あくまでも小児科学のサークルのなかでの議論であったからである。これらの両方の時期において児童虐待という言葉が、一般の人たちにまで広く認識され論じられた痕跡を見つけるのは難しい。一九九〇年代になるまで、日本で児童虐待が一部の専門家の間での議論であり、決して優先順位の高い社会問題ではなかったことを示す実に多くの証拠を数え上げることができるのである（上野 1996, 上野・野村 2003）。言い換えれば、一九九〇年代からの児童虐待問題は、言説の量の多さと持続性と、それが人々の意識に及ぶ影響という点でこれまでとは全く異なったものなのである。

筆者は、児童虐待問題が一九九〇年代に入り緊急な対応を要する大きな問題として急速に台頭してきた過程を担った人たちの活動について調べたことがある（上野 1996, 上野・野村 2003）。この時期には小児科学だけではなく、精神医学、看護学、小児保健学、社会福祉学、心理学、教育学、法学などの子どもの健康・福祉・教育に関係した専門家が、欧米の児童虐待とその対策の動向を一斉に日本に紹介し始めた。それは、マスメディアと国民を巻き込んだ意識向上運動の様相を呈していた。その運動のひとつの象徴といえるものが、多領域の専門家ならびに関係者が一同に会する「日本子どもの虐待防止研究会」（現「日本子どもの虐待防止学会」）が小児科学の小林登を会長に一九九六年に発足したことである。この研究会はケンペたちによって創設されたＩＳＰＣＡＮ（国際児童虐待防止協会）との連携で、トラウマとケアを中心にした米国の個人病理・家族病理型の虐待とその対策を紹介し、かつ日本の各地・各方面での児童虐待防止の取り組みの現状を発信し始めた。

ところで、一九九〇年代、児童虐待ということで主に議論された中味は、いけないと思いながら、わが子に手をあげてしまう、どの家庭にでもいそうな母親たちについてであった。児童虐待は、旧来の貧困型ではなく、社会や家族の変化によって起こる家族病理型の「現代的な虐待」であるから、どの家族に起こっても不思議ではないが、プライベートな密室で起こるので、表面化してくるのはほんの氷山の一角とされたのである（上野 1996, 上野・野村 2003）。かくして、「子どもを愛せない」「どうしても子どもをたたいてしまう」という親たちの、家族病理型の虐待を発見するための相談窓口が九〇年代を通して全国各地で開設されることになる。

これと平行して、九〇年代末から開発が進められた発見方法がある。リスクアセスメントである。親が自ら相談することは少なく、事実を隠すことが多いというケンペたちの考えによると、親の自発性をあてにするのは限界がある。そもそも親自ら相談することは少なく真実を隠すことのほうが多いというのが、このシンドロームの特徴だからである（Kempe et al. 1962）。親の自発性に依存するのではなく、専門的な仮説や経験的な知識に照らして子どもの虐待に関連すると考えられる要因を想定し、統計的有意差をもってリスク項目を決定し、そのようにして得たリスク項目を、個々の子どもや養育者に適用して虐待危険度を評定していく方法がより確実ということになる。

そして、すでに米国などで実施されている児童虐待のリスクアセスメントが日本に紹介され、また独自に児童虐待のリスクファクターを突き止める大規模な調査研究が、厚生労働省や関係財団から助成金などを交付され開始された。海外のリスクアセスメントに記載されている項目などを参考に、児童福祉、地域保健や医学の専門家が自分たちの領域の実践や仮説にもとづき児童虐待と関連性があるとするリスク要因と考えられるものを列記し始めたのである。従来は、再婚していたり、母が若かったり、子どもが障害をもっていたり、双子であるといった、それ自体では虐待を構成せず、虐待の存在と関連するものとしてみなされてこなかったものが、リスクという考え方を媒介し虐待と強く関係する要因になってきたのである。

詳細は第2章に譲るが、とくに二〇〇〇年の「児童虐待防止等に関する法律（以下、「児童虐待防止法」と略）」施行直後に策定された、日本子ども家庭総合研究所編『厚生省　子ども虐待対応の手引き――平成一二年一一月改訂版』（2001）以降は、リスクを取り込んだ虐待の発見で、福祉の現場、ならびに小児医学と小児保健の臨床を総点検するかのような勢いであった。そして、相談の呼びかけへの親の反応を期待する必要はなくなった。ハイリスクとされた子どもが、レントゲンでみえる骨折や、怪我などの具体的な徴候を呈している必要も、もはやない。リスク要因のいくつかが該当すれば、子どもに外傷がなくても、確証がなくても、介入すべき、さらには虐待だとみなすべきという事態が進行していくことになったのである。

【注】

1　新聞記事は、『読売新聞』一九〇九年六月二二日「実子を火責にする鬼夫婦」を参照されたい。

2　「社会立法上の一進歩」、『東京朝日』、一九三三年一〇月一日。毎日コミュニケーションズ出版部編、『昭和ニュース事典』、第四巻、二八〇頁)

第2章

心理と保険数理のハイブリッド統治

1 心理化

一九九〇年代からはじまった児童虐待の問題化の最大の特徴は、虐待は社会経済的問題というよりも、家族内部での個人の問題として定式化されたことである。児童虐待は、たとえば、親自身が子ども時代に虐待を受けたなどで、愛された経験が乏しいゆえに招来された未熟・攻撃的・依存的という親の性格上の問題、あるいは夫婦の不和などによる母親の家庭内での孤立といった家族関係の問題とされ、カウンセリング治療や家族療法で改善されうるようなニュアンスをもたせて提示された。

このような問題の構成において、民間団体の果たした役割は特筆すべきであろう。一九九〇年にボランタリー団体である「児童虐待防止協会」が大阪で、翌年には東京でも「子どもの虐待防止センター」が発足した。これらの団体は、電話ホットラインによる相談援助活動を中心として、シンポジウムの開催、報告書の発行、学会発表等々と、この問題について積極的な提言を重ねてきた。電話相談などの活動内容がマスメディアを通じて頻繁に報じられ、問題の深刻さを社会に訴えかけ、問題の支配的イメージを提供した。

たとえば、一九九〇年代はじめには、児童虐待の増加・深刻化を裏付ける説得的な公的統計が不足していたこともあり、児童虐待防止の民間団体の電話相談件数がこの問題の広がりを印象づける一助となった。[1] また、ホットラインへの電話相談件数とともに、相談の内容も紹介された。「幼いころに虐待を受けて育ち、自分の子どもに厳しいせっかんをしてしまう」「イライラして叩いてしまう」「子どもを愛せない」「なぜ、こんな自分になってしまったのか」といった女性からの切実な相談が寄せられていることが、新聞やドキュメンタリー番組などで相次いで報じられたのである。

民間防止団体のホットラインへの相談で圧倒的多数を占めるのが女性であることから、どこにでもいるような女性が、密室で育児についてひとり思い悩み、ホットラインに殺到している。児童虐待は養育機能が低下した現代家族では「どの家族にも起こりうる問題」で、既存の硬直した公的機関では対応できない新しい問題である。そのように描かれていったのである。

そして、これらの民間団体のメンバーを中心にして、児童虐待の問題に関心をもつ研究者や実務家からなる研究会「日本子どもの虐待防止研究会」（現「日本子どもの虐待防止学会」）が形成されるが、初代編集委員長は、子どもの虐待防止センターの初代事務局長であった精神科医の斎藤学である。斎藤は、マスメディアなどを通して、児童虐待をアディクション（嗜癖）やアダルト・チルドレン概念と共に、自己統制の喪失という病気として社会に認識させるうえで大きな役割を果たしてきた。斎藤によると、児童虐待とは自分で止めようと思っているのに止められない行為や欲動であり、アルコール問題、摂食障害、盗癖、ギャンブル癖、一部の性倒錯などと根は同じ、機能不全家族に育った子ども時代のトラウマに起因するアディクションであった（斎藤 1992, 1996）。

このような、虐待は親の心理的問題や精神的な病理が原因であるとの理解は、米国で児童虐待問題の起爆材となったバタード・チャイルド・シンドローム以降、米国で主流になった問題の理解と同型である（上野 1996：1～2章）。実際、九〇年代中頃までの児童虐待の雑誌企画や新聞報道の多くは、米国の児童虐待の現状と対策に言及しながら、日本の「遅れた状況」を紹介するという構成であった。新種の問題が海を越えて米国からやってくるというシナリオは、日本において、あることを問題として主張し社会的な対策を要求する際によく使われる方法である。児童虐待の場合も、米国の経験が言及されることで、米国と同じ問題であるという共通性が示唆され、米国のように今後も増えていくだろうこと、そして米国のカウンセリング中心の対策をモデルとしなければならないとのメッセージが発せられた。しかし、米国では数十年の取り組みにもかかわらず、児童虐待の件数が増加しつづけていたことについては触れられることはなかったのである。

そして、この児童虐待を心理的な言葉で説明するやり方は、児童虐待に関心をもつ研究者や事務家たちが共有するところであり、政府の公式見解にもなった。

一九九七年、日本子どもの虐待防止研究会は会員を対象にした有識者アンケート調査の結果をまとめている。調査では「児童虐待の予防策」として「相談体制の強化」、そして「児童虐待が生じたときの対応」として「虐待した親への心のケア」「被虐待児への心のケア」が必要であるとの回答が大勢を占めていた。[2] なお、この調査報告を受けて、平成九年度版『厚生白書』も、児童虐待をトラウマと家族内連鎖の問題としてとらえたのである。[3]

このような家族病理型の虐待を発見するために、「子どもの虐待を危惧する訴え」を引き出すホットラインの機能をもつ民間の虐待防止の団体は、大阪と東京以外にも日本各地で結成されるようになり、厚生労働省も「相談してくれてありがとう」の虐待防止のカードを大量に印刷し、市町村も虐待予防の子育て相談を拡充していった。

以後、被虐待児、加害者、その家族に対する治療方法やプログラムが、福祉施設や医療機関などで開発されてきた。児童相談所によっては児童虐待に対応する専門部門が新設され、子どもや保護者に対して専門的な援助体制を整え始めた。たとえば東京都児童相談所では、二〇〇二年から治療指導課で「家族再統合のための援助事業」がはじまった。その概要は、虐待をうけて児童養護施設等に入所中の児童、養育家庭に委託されている児童とその保護者に対して、親グループカウンセリングと家族合同グループ心理療法を実施するというもので、さらに夫婦関係や家族の相互関係を回復する必要があると判断された場合には家族カウンセリングが勧められることになる（児童虐待防止対策支援・治療研究会編 2004）。児童虐待対策は、家族への子育て支援や経済支援といったことよりも、自己イメージや対人関係・コミュニケーションスキルの向上、衝動抑制、社会性の獲得、親になることの準備などを目標にした、心理療法や教育的治療が中心になったのである。

2　リスクアセスメント化

前章で記したように、児童虐待問題の心理化より少し遅れ、九〇年代末からに日本の児童虐待防止対策として開発が進められたものがある。統計学的知見の知のシステムを媒介させた児童虐待リスクのアセスメントである。厚生労働省が「相談してくれてありがとう」の虐待防止カードを関係諸機関を通じて地域住民に手渡しても、住民がそれに反応しなければ効力を発揮しないだろう。したがって、親の自発性に依存するのではなく、専門的な仮説や経験的な知識に照らして子どもの虐待に関連すると考えられる要因を想定し、子どもや養育者に適用して虐待危険度を評定していく方法がより確実と考えられた。

リスクアセスメントの使用が求められ、正当化されてきた背景には、子どもの虐待死報道が続くなか、児童保護機関の責任が問われ、未然防止にいっそう強調点が置かれたことがある。児童相談所を中心に、子ども関係の公的機関や施設において、虐待を見逃したことがマスメディアで批判的に取り上げられた。

たとえば、東京都町田市の保育園児が母親の交際相手の男性から暴行を受けて死亡した事件、児童養護施設から外泊許可を得て帰宅していた長男を虐待して死なせた上、遺体をポリ袋に入れて運河に捨てた尼崎市の事件など、二〇〇〇年台に入って、繰り返し報道される事件が目立つようになる。それらは、「町田市、介入せず様子見　保育園説明と食い違い　四歳虐待死」、「相談所で消えた、いのちのSOS　検証・町田の四歳暴行死事件」、「危険信号、見逃す　尼崎の小一死体遺棄」などと新聞の見出しになり、「前兆」や「サイン」や「シグナル」をキャッチできない、公的機関の及び腰に批判が浴びせられた（上野 2007）。

そして、二〇〇一年九・一一の米国への同時多発テロとアフガニスタンやイラク侵攻以来、一旦沈静化していた虐待報道は、二〇〇四年一月、岸和田の中学三年生の男子が食事を与えられず、死亡寸前の状態で病院に搬送された事件で再加熱する。この事件では、中学生の男子でさえも虐待の危険に脅かされている、不登校の背後には虐待があるかもしれない、という見方が示されるとともに、やはり中学校から相談を受けながら適切な対処を怠ったとして児童相談所が批判の矢面に立たされたのである（上野 2007）。

これは、デニス・ホーイットが「児童虐待エラー（Child Abuse Errors）」と呼んだ状況である（Howitt 1993）。この児童虐待の判定エラーは、米国や英国においては、過小介入ケースと過剰介入ケースの両方において公的機関の責任が問われてきたが、日本では、死亡などに至った事例を取り上げ、「なぜ救えなかったのか」という論調で過小介入がメディアや専門家によって集中的に扱われたのである。死亡ケースに対して公的機関が批判の矢面に立たされる。このような状況において、機関の説明責任だけでなく、現場で働く担当者の「不確かさについての不安」を和らげるために、客観的とされるリスクアセスメントが疑いの余地のないものとして強く求められていくのである（Stanley 2018）。

「リスク」概念の現場での浸透に重要な役割を果たしてきたのは母子保健である。厚生労働省は二〇〇一年、母子保健分野において関係者、関係機関・団体が一体となって推進する国民運動計画である『健やか親子21』を開始し、その一環として地域保健・地域医療の現場と保健所等で、ハイリスク親子の早期発見を児童虐待対策として示した。また、二〇〇二年「地域保健における児童虐待防止対策の取り組みの推進について」の通知で、児童虐待の発生予防に向けたハイリスクの親子の把握に努めるように通達している。

なおこの通知と共に、厚生労働省は、保健所などの関係機関に対して、母子地域保健のリスク研究の総まとめともいえる「子ども虐待予防のための保健師活動マニュアル」（佐藤2002）を送付した。そこには、周産期医療機関、市町村での乳幼児健診、家庭訪問など場面ごとに参照されるべき虐待リスク項目が記載されている。

その後も、出産前と出産後、母子保健の分野を中心として、母親への問診の機会が制度化され、増やされていった。たとえば、二〇〇七年からは、乳児のいるすべての家庭を対象に市町村が実施主体となり「乳児家庭全戸訪問事業（こんにちは赤ちゃん事業）」が実施され、乳児の状態、室内の様子、経済状態、住環境などに加えて、母親の精神衛生状態（エジンバラ鬱尺度）がチェックされるようになった。従来から、産科での妊婦健診や、保健センターでの母子手帳の取得、一歳半児健診と三歳児健診の際には、母親の様子がアセスメントシートでチェックされていたが、二〇一五年度よりはじまった『健やか親子21（第二次プラン）』では、それに加えて、母子手帳交付の際には「マタニティ質問票」が、三・四ヵ月健診、一歳六ヵ月児健診ならびに三歳児健診では「健やか親子21問診票」が、それぞれ別シートで設けられ、飲酒や喫煙、乳幼児揺さぶられっ子症候群についての母親の知識や行動パターンを聴く質問項目が増えた。[4]

こうしたリスクアセスメントの利用拡大は、母子保健行政に限ったことではない。産科での妊婦健診や小児科などの医療現場、そして保育所、幼稚園や小学校などの福祉・学校現場でも、各々のリスクアセスメントのシートが開発され虐待のリスクの有無という観点から親子関係をチェックし、通告することが奨励されてきた。

二〇〇〇年代初頭、母子保健分野で虐待防止の新しい取り組みとして知られていたのは、東京都南多摩保健所子ども虐待プロジェクトチームが作成した「子育てアンケート」を活用した乳幼児健康診査の方法を解説したマニュアルである（東京都南多摩保健所子どもの虐待プロジェクトチーム 2003，東京都南多摩保健所プロジェクトチーム 2002）。虐待のリスクチェックシートである「子育てアンケート」を養育者に配布し、そのアンケート結果を保健師が「虐待要因一覧表」に転記するという手順になっている。問診で確認すべき諸リスク項目が「家庭基盤」「親準備性」「親子の愛着形成」「育児力」「子どもの健康状態」のそれぞれのセクション毎に一覧表にしてわかりやすく示され、セクション毎の集計点が出される（東京都南多摩保健所子どもの虐待プロジェクトチーム 2003）。

また、医学の教科書やハンドブックにも、虐待リスク項目が掲載されるようになる。二〇〇〇年の児童虐待防止法で医師や保健師の早期発見義務が明記され、また二〇〇四年の同法の一部改正で通告の義務が「虐待を受けた児童」から「虐待を受けたと思われる児童」にまで広がったこともあり、児童虐待のリスクをチェックするという考えが標準的になっていった。一例をあげると、小児医学の現場で参照されている『今日の小児治療指針』（医学書院）は二〇〇三年版に「虐待・暴力」の章を新たにもうけ、「児童虐待のハイリスク因子」などを説明している。

このように児童相談所であれ、保健医療機関であれ、児童虐待のリスクアセスメントにより、具体的な子どもの怪我に関連した項目から、リスクのある保護者を発見する項目へと範囲が広がっていった。それも子どもの状態や保護者からの子どもへの暴力行為だけではなく、「不自然な転居歴がある」「子どもの状況をモニタリングするネットワークが構築できない」「訪問ができない」「援助の拒否」「支援望まず」など、児童相談所や保健所からみた保護者の暮しぶりのみえにくさ、指導への不従順などの内面に焦点がおかれるようになった。またリスクを強調することで、どんな状態が虐待であるかの内容規定よりも、どのようなタイプの親が虐待をしそうかのリスク予測に焦点が移ったのである。

このようなリスクによる発見方法は、個人の自発性や政策への服従をあてにする必要はない。また、諸個人ではなく人口（ポピュレーション）、つまり集合としての人間を発見対象として、蓋然的な危険性によって、人口全体を虐待防止の網のなかにとらえることができる。たとえば、母子手帳の交付と乳幼児健診の問診票を利用し、乳幼児がいるすべての家庭でどのような親が虐待をしそうなのかをアセスメントすることが可能である。「健診未受診」を虐待リスクにすることで、健診に来ない親もシステマティックにとらえることができる。リスクアセスメントは、怪我などの具体的な徴候を呈していない子どもや目前にいない親までも把握していく道具なのである。

3 心理と保険数理のハイブリッド統治

今日、リスク管理は児童虐待対策の中心になりつつある。専門家の判断ミスの防止と行政の説明責任のため、何らかのリスクアセスメントを使用することで対応の適正化を図るという方向である。児童相談所の通告ケースの重症度判断においてリスクアセスメントが不十分であれば、それが問題とされるだろう。児童相談所の虐待ケースの一時保護判定は、「判断の客観性、的確性を高めるため、あらかじめ用意されたリスク度判定のための客観的尺度（リスクアセスメント基準）に照らして」（日本子ども家庭総合研究所編 2005: 78）なされることが奨励されてきたからである。保健所（センター）でも、乳幼児健診の問診票などから、乳幼児とその養育者に、児童虐待のリスクチェックが実施されている。虐待リスクチェックに積極的に取り組む病院も各地で増えていった。

しかしながら、これらの児童虐待のリスクファクターを突きとめる調査は過去に実施されたものである。統計的な算出の根拠となったのは、自分以外の他者からなる人口である。別の人口に対してなされた調査から抽出した、いまだ起こっていない蓋然的な危険性であるリスクが、当該人口に適用されるのである。担当者は、家族の周辺調査に時間をかけ、多岐の領域にわたる専門家や関係者からのリスクをめぐる情報を収集し、アセスメントする役割に傾注することになる。肝心なのは、児童虐待の「具体的な徴候」のみならず、児童虐待のハイリスク集合体のメンバーとされるかどうかの、社会人口的な文脈における個人のポジションの確定である。

本章では、これらのリスク管理を、児童虐待の発見が、地域住民による通報や個々の専門家の視覚的判断に依存していた時代から、特定の人口に対して蓋然性で抽出したリスク項目で親子にアセスメントを行い、その情報を系統的に収集する、リスク社会における保険数理化する犯罪統制（Feeley and Simon 1992, 1994, 伊藤 2000, O' Malley 1992）への移行と類比的な動きとして位置づける。

さしあたりここでは、リスク社会を、パット・オマリーにならって、リスク概念とリスク管理によって組織化されている社会として広義に定義しておこう（O' Malley 1998）。リスク社会やリスクという考えが近年、犯罪統制においてリアリティをもってきたことについては研究が重ねられており、なかでも、リスクの数理的な管理が、政策場面に積極的に採用されてきたことを、統治の様式の変化――ひとりひとりに焦点をあて自己の道徳的変容を強いる規律型統治から、人口を対象としたポスト規律のリスク統治への移行――からとらえようとする一連の研究の流れがある（Castel 1991, Cohen 1985, Feeley and Simon 1992, 1994, O'Malley 1992, Simon 1988）。

個人の身体への配慮を特徴とした規律訓練型に対比させて、人口を総体として把握する形態をポスト規律型として論じる統治研究は、ミシェル・フーコーの、人々の生命を奪うのではなく人々を生かしてその生に介入する「生権力」の議論を系譜としている（Burchell et al. eds. 1991, Foucault 1975=1977, 1976=1986）。このリスクによる統治の主な形態は、個々人に対してなされるというより、犯罪リスクリダクションなどの環境整備などハード面での操作で、対象はあくまで人口である。ここでは、主体という概念も、リスク要因の合体に溶解してしまう、とさえ指摘されたのである（Castel 1991: 281）。

具体的にみていこう。『フーコーの影響――統治の諸研究』（Burchell et al. eds. 1991）に収録されているロバート・カステルのよく知られている論考は、リスクによる新しい予防政策が第一に目標とするのは、もはや個人ではなく人口であり、そしてまた異質な要素間の統計的な相関であるとする。これは、個々人の具体的な状況を始点とするのではなく、未然に防ぎたい危険についての一般的な定義から演繹する方法で、疑いの眼差しを向けるには、個々人が危険性や異常の症状を呈する必要はなく、また具体的な葛藤状況が示される必要もなく、予防政策の任にある専門家たちがリスクファクターとして措定した諸特徴が警告を発するだけで十分だという。具体的な例として、カステルは、フランスで一九七六年に導入されたすべての乳幼児の異常を突き止めるシステムをあげている。母親の特定の病気、心理的欠陥などに加えて、未婚、一七歳未満、外国籍など多くの社会的要因がデータとして集められ、そしてリスクの諸項目のうちいくつかが該当すれば警告が発せられる。リスクという蓋然的で抽象的な存在をもとに、ソーシャルワーカーなどの専門家が家庭訪問し、危険が本当に存在するかどうかを確認する。そこでは、一望監視施設であるパノプティコンの要件であった視るものと視られるもの、看守と囚人、ケアするひととケアされるひととの間の関係性も必要とされない（Castel 1991）。

規律型が、個々人の行動や動機を変化させるという点で難しく、コストもかかるのに対し、リスクにもとづく統治は個人の国家に対する服従をそれほどあてにする必要はなく、煩わしさがなく、人々からの抵抗も少ない（Simon 1988: 773）。そもそも人々に気づかれにくい（Simon 1988: 771-2）。当該人口すべてを対象にでき、経済的により効率的で、徹底している（Simon

1988: 772-3)。新しいターゲットは、基本的には犯罪の場所や行動が起こる条件面の管理や行動連関であり、個人の動機や内面や性格や態度ではない。ひとりひとりを変えていくという途方もない困難に挑戦した政策は終わりを告げる、とされたのである（Cohen 1985: 145-148)。

犯罪統制におけるこれら二つのテクノロジーを簡潔に対照させると、規律型のテクノロジーは、個人の身体や内面をターゲットとし、犯罪者のなかに原因を探求し、監獄や学校や精神病院での規律訓練、今日ではカウンセリングなどの心理療法を通して、個々人を正常化し、逸脱を最小限にする。それに対しリスク型では、人口や統計的な集合体がターゲットにされ、犯罪予防として、犯罪機会減少にむけた環境整備や社会保障の充実などハード面での環境操作が主力となる。そして犯罪者を、リスクプロファイルで分類し、危険性に応じてセキュリティの程度が異なる場所に拘禁（電子監視システムをもちいた家庭での拘禁、地域施設や刑務所への幽閉）することで犯罪者を無力化し、公共空間から排除していく。個々の犯罪者を矯正することより、人口の効率的な管理に重点が置かれる（Feeley and Simon 1992, 1994, 伊藤 2000, O' Malley 1992, Simon 1988: 773)。

逸脱や犯罪統制におけるリスク社会論はカステルがそうであるように、基本的には規律型からリスク型への移行を強調する。

しかし一方、このような議論で同様に重要なのは、リスク社会の特徴をそなえている社会においても、やはり個人の変容を強いる規律型統治が前提にされている、という指摘である。なぜなら、人口のデータから集めたリスクについての情報は、その情報をもとに個々人がどのように行動すべきかという指針が織り込まれている（Lupton 1999: 88）。犯罪機会をハード面で減少させるプログラムも合理的選択をおこなう個人を前提としているのである（O' Malley 1992: 264）。リスク社会においては、個々人が統計的な蓋然性についての基本的な考えを理解でき、抽象的なものを日常生活に流し込んで応用することで、リスクを管理しなければならないので、そのような自己や主体が造型していくテクノロジーとして規律型が必要とされる（Hannah-Moffat and O' Malley 2007, O' Malley 1992: 268）。現に、個人がリスクを回避するための、専門家の知識をもとにした様々な戦略が流布している（Lupton 1999: 88）。危険を回避しようと努力する個人の存在が、リスク社会の歯車として不可欠なのである。したがって、リスク社会の特徴を備えている社会においても、数理リスク統治型だけでなく、個人の変容を強いる規律型の双方が認められるのである（O' Malley 1992, 伊藤 2000: 145-8）。

また、どの社会でも、成員の同調性を規範や道徳で確保し、逸脱者の正常化をある程度行わざるをえないことを考えても、規律型からリスク型への移行はある種不完全であると考えたほうがいいのかもしれない。ケリー・ハナ＝モファットは、女性収監者のリスクとニーズに応じた矯正を掲げたカナダの女子刑務所改革で出現した新しい刑務所実践の観察から、この点の検証を試みている。リスクアセスメントに道徳性が入り込んでいること、そしてアセスメントの適用も流動的になされていることなどから、係官の道徳的な主観性から自由ではない。リスクを管理する道徳的責任も個人に課せられている。それらの点でリスクアセスメントとマネージメントの数理的テクニックが、規律的統治と関連づけられていることを例証している。ハナ＝モファットはそれを「ハイブリッド道徳・保険数理刑罰」と名づけた(Hannah-Moffat 1999)。

現行の児童虐待防止対策もまた、ハナ＝モファットから示唆をえて、「心理と保険数理のハイブリッド統治」の一形態として位置づけて検討を加えることが可能である。リスクの数理テクノロジー単体ではなく、個々の逸脱者の正常化を目的とした規律型テクノロジーとの二本立てになっているからである。親子や家族の内面に焦点をあてたカウンセリング等の心理療法ならびに個人の態度変容の教育治療的なアプローチと、リスクアセスメントによる虐待発見防止の両方が、児童虐待対策のなかで不可欠なものとして位置づけられているのである。規律型の心のテクノロジーは、個人のトラウマや性格、あるいは家族関係に問題の原因を発見し、それらを治療の対象とする。そして同時に、それらの項目が、虐待のリスクとして、アセスメントに掲載されているのである。リスク項目は、心のテクノロジーが管轄とする個人の性格から生活態度にまで及んでおり、養育者に道徳的に正しい身振りを強制することになる。日本の児童虐待防止対策において、カステルのいう規律(個人)からリスク(人口)への一方向の移行ではなく、リスクのテクノロジーをもって、個人の規律・調教が再生産されているといえる。

例をあげよう。前述した東京都南多摩保健所の「子どもの虐待予防スクリーニング」は、当該地域のすべての乳幼児と乳幼児をもつ親に対して実施されていた。ここでは、法的義務のない健診や母親学級(「初回妊婦健診の時期が二二週以降」「乳幼児健康診査の未受診」「母親学級の未受講」「母子手帳の記入が少ない」)や「支援望まず」などの項目が虐待リスクとされている。これは親の側にサービスの選択権があることに触れられず、母親の道徳的な不健全さを燻りだそうしている。また、妊娠や出産への受け止め方(「予想外で驚いた」「困った」)や育児上の悩み(「悩みたくない」「育児に自信がもてずよく悩む」)などの内面や道徳に関することを項目表で、仔細にチェックし、ハイリスク群を突き止めている。そしてリスクをマネージできなかった諸個人は、ピアカウンセリング機能をもつとされる保健所の母親たちの自助グループにつなげられる（東京都南多摩保健所子どもの虐待プロジェクトチーム 2003）。

同じことは児童相談所の判定においてもいえる。リスクアセスメントを用いた判定で子どもが一時保護や施設入所措置になったその養育者は放置されるのではなく、そのなかで虐待を認めることで矯正可能とされた養育者は「家族統合プログラム」の対象となり、その内容は、先にみたように、個人を正常化するカウンセリング等の心理療法や個人の態度変容の教育治療的なアプローチが中心になっている。つまり、同一の人口に対して、数理のリスクが心のテクノロジーと相互に関連性をもって適用されているのである。

ところで、さきほど触れたように数理リスクによる社会政策の基本形は環境規制である。したがって、理論的にはリスクの社会的管理である労働政策や社会保障が招来されても不思議ではない（Ewald 1991, Gordon 1991: 40, O' Malley 1992: 256-7, Simon 1987）。しかし現実には、児童虐待の対策として、子育て負担の軽減対策や生活保障の充実対策が採られているわけではない。これらが採用されないのは、政策主体が虐待のリスクとして特定のものを選択し、自分たち以外の誰か（この場合は子育て家族）に貼り付けているからである。次章でみていこう。

【注】

1　たとえば、一九九〇年代初頭以来、大阪の児童虐待防止協会では「四ヶ月で八〇〇件の電話」（朝日新聞一九九〇年八月一八日）、東京の子どもの虐待防止センターでは「半年で、八八〇件の相談」（朝日新聞一九九二年一月一六日）などと、この問題の裾野の広さが報じられた。

2　JaSPCAN ニューズレター 一九九七年九月 No.3: 4-7

3　平成九年度版『厚生白書』ぎょうせい：90

4　「乳幼児健診情報システムの活用について」事務連絡，厚生労働省雇用均等・児童家庭母子保健課　二〇一五年九月一四日

第3章

「子育て標準家族」はどこから来たのか

1　リスク配分のポリティクス

今日では、社会のあらゆる局面において自己責任とパッケージされたリスクという考え方が適用されているが、実際、このリスクはどのように決定されるのであろうか。研究者の間でも、特定のリスクと実際の被害との因果関係については、様々な解釈がなされている（Beck 1986=1998: 44-5）。リスク概念は、過去でも現在でもなく、「もし〜ならば」といった将来の危険や危害を評定するのである（Walklate and Mythen 2010: 58）。「実際の害」

は証拠が必要とされるが、予測要因であるリスクのカテゴリーのもとにはより多くのものが包摂可能である（Hannah-Moffat and O' Malley 2007）。しかし留意すべきは、実際にリスクとして認定されたり、取り上げられたりするのは、実は特定のものだけだという事実である。

この点をリスク概念が席巻した医学における例からみていこう。監視医学という言葉で、医学によるリスク概念の台頭を指摘したデイビッド・アームストロングによると、二〇世紀後半、健康と病気のそれまでの臨床的な区分が溶解され、医学による可視化ネットワークのなかに全員が投入された。そこではそれまで「ノーマルだった人たちの問題化」（Armstrong 1995: 395-8）がなされ、そのネットワークの結節点としてリスク概念が使用されてきた。人々は、頭痛が高血圧のリスク要因で、高血圧は脳梗塞のリスク要因だ、といったように無限のリスクのチェーンに組み込まれる。そして、医学的な疾病や症状や数値だけでなく、ライフスタイルといった身体外のスペースに属すると考えられてきたありとあらゆるものが何かのリスク要因として現れるようになった（Armstrong 1995）。アームストロングの議論は、次元やカテゴリーの全く違うものを次々つなげていく連結力としてのリスクの威力を理解するうえで重要である。しかし実際は、医学においてもありとあらゆるものがリスクとして焦点化されているわけではない。

医学哲学者の佐藤純一は、医学におけるリスク概念の浸透の背景として、感染症などのように、疾患は特定の原因によって発症するという単一原因論である「特定病因論」から、狭心症や心筋梗塞などの虚血性心疾患の台頭で疾患は様々なリスク因子の複合的作用で発症するという「確率論的病因論」へ移行したと指摘する。虚血性心疾患になる人の生活を調べて、その生活から関連する物質をみつけようとしてもみつからない。ところが、もっと遡って「悪さをすると思われるような」物質や行為や生活スタイルをとりあげ、統計的な相関を突き止める疫学調査を行うと、統計的に有意な相関性をもつ要因が浮かび上がってくる。喫煙、高血圧、コレステロール高値、糖尿病、肥満、ストレス、タイプA性格、男性、加齢などで、これらの要因が発症のリスクファクターとなる。また、実際のリスク計算は、先行する医学研究から、リスクになりそうな事象が医学的に推測され、措定され、それらに対するパイロット・スタディ（小規模予備試験）が行われ、そこからリスク計算の対象となる「要因」が選ばれることになっている。しかし、調査の対象は特定の事象のみである。虚血性疾患のリスク要因はそのすべてのものをリスク要因とするのではなく、大気汚染、被ばく放射線量などの環境条件などは除外されているので、リスク要因として特定されることもない。虚血性心疾患の発症率と所得・階層との相関性も、先行する疫学研究で確認されていたにもかかわらず、これらがリスク要因として設定されることはない。それが政策の関心事ではないからである（佐藤 2013）。

ある事象は、そのままではリスクにならない。なにかの事件、理論、測定器具などによって見え始め、関係性が論証されたものがリスクになる（Beck 1986=1998）。しかし、そもそもなぜその事象に眼差しをむけるのか。何の理論をもとにリスク項目の選定の調査をどのように行うのか。リスクを認定する一連の作業には、専門家や予防政策決定者の意図、政治的な取捨選択が介在しているはずであるが、客観的とされる「数字」や「統計的蓋然性」ゆえにその政治的意図や帰結がみえにくくなる。

2　虐待リスクについての議論

児童虐待リスクも特定の眼差しと政策的な取捨選択の結果である。日本でも虐待のリスクアセスメントは、保健所（センター）や病院や児童相談所に対してなされるのではなく、子どもと養育者に対して実施されている。虐待リスクは児童福祉や母子保健の専門機関の側ではなく、個人や家族の側に配分されているからである。第1章でみたように、日本の児童虐待対策は、後発国が先発国に「追いつく」という動機が強く、リスクアセスメントの輸入はその典型であった。それゆえにか、輸入元での児童虐待リスクアセスメントをめぐる論戦や様々な批判的な見解はほとんど紹介されることはないのである。

そもそも、リスクは「論争的な概念」（Walklate and Mythen 2010）として立ち現れる。児童虐待対策の現場では「リスクへの転換」にともない、リスクを評定するうえで、もっとも有効な方法についての議論が交わされ、それは「リスクアセスメント・ウォーズ」と称されてきた。ただし、その議論の内実は「ウォーズ」という言葉からのイメージとは異なり、リスクアセスメントが必要であることを前提に、数理統計により抽出された「数理リスクアセスメント」が、児童保護の文献、さらには専門家の現場の知識や勘、文脈などにもとづいた「専門家の経験知によるリスクアセスメント」よりも有効か否かの議論であった（Price-Robertson and Bromfield 2011, White and Walsh 2006）。数理統計のリスクアセスメントはエビデンスにもとづくが、判定の合意にもとづくツールのほうが、より多くの変数を取り込めるので包括的であり、より柔軟に使えるのではないか、といった議論である（White and Walsh 2006）。そもそも、リスクアセスメントをめぐっては、この「ウォーズ」以前にも、「数理」か「合意」かのどちらが有用かという問いのもとでの調査研究がなされてきた（たとえば Baird and Wagner 2000）。つまり、児童虐待におけるリスクアセスメントについての「ウォーズ」は、リスクアセスメントをどう合理的に「改良」し、効果的に使用するかの議論であったのである（Baumann et al. 2005, Johnson 2006, White and Walsh 2006）。

とはいえ、児童虐待のリスクという考え方やそのエビデンスそのものに対して、内在的ならびに外在的な批判も存在している。作成する段階と使用段階に整理して主だったものを紹介したい。

（1）作成段階

アセスメントツールを作成する段階の問題である。児童虐待を予測する先行研究調査を検討したロバート・ディングウォールは、リスクで児童虐待を予測する研究に、児童虐待の議論が子どもの怪我という当初の関心から、途方もなく広がりすぎたことに起因する「定義上の誤謬」、そして現在ではなく将来の害を予測する実証的なエビデンスが乏しい「統計的な誤謬」を認めている（Dingwall 1989）。また、リスク要因を突き止めるパイロット研究の多くは、すでに虐待と判定されたグループをみているだけで、コントロールグループを置いているわけではない。そして何が児童虐待のリスク要因なのかは、調査によって違い、各調査においいてもその証拠が希薄である（Parton et al. 1997）。これらのアセスメント表では、しばしばリスク要因と虐待的な行為との関係が、それがいくつかの関連性のひとつだと解釈するのが精いっぱいのときでも強く示されている（Strega 2009）。精神医学的な診断は、「事実」というより、観察者の「意見」にすぎないことが多いが（Strega 2009: 153）、リスクアセスメントではその項目によって児童虐待を予測できることになっている。さらには、これらのリスク要因は別の集団を対象にした調査における統計的な推計によるものである。しかし現実の児童保護の現場は、当該集団ではなく、別集団の様々な個別性を抱えた子どもがいる「個々の家族」を扱っている（Parton et al. 1997）。リスクアセスメントは、提供資源の優先性に関しての政策立案ぐらいには役立てることができるかもしれないが、誰が虐待され、虐待されないのかについての予測で使用することは難しい（Parton et al. 1997, Pollack 2010, Wald and Woolverton 1990）。

また多文化を標榜する社会において、リスクアセスメントが多様性を塗りつぶし、特定のジェンダー化された家族像にもとづいて作成されていることにも批判が向けられてきた。アセスメントには、夫婦と子どもの核家族の形態、子育ては母親の役目という思い込みが忍び込んでいるからである。たとえば母親による集中的な子育てを規範とする「アングロ・アメリカン」の文化モデルは、特定の時代、社会、民族に限定されたものであるのに、そこから逸脱している養育者がハイリスクとして扱われている（Strega 2009: 143）。親としての行動や家事遂行度といった点で母親への期待が大きく、父親はもし考慮されてもマイナーなプレイヤーの位置づけである。母親が、男性保護者からの暴力から子どもを守ることも含めて、子どもの保護の責任者だという強力な前提にもとづいている（Stanley and Goddard 1993）。

（2）使用段階

リスクアセスメントの使用がもつ大きな権力についての指摘がある。児童保護機関がリスクアセスメントの道具を使用することについては、「皇帝の新しい服か？」（Wald and Woolverton 1990）といった表現で、その権力性が議論されてきた。リスクが児童保護の実践の場で具体化されてきたなかで、アセスメントの実施側が関係において発動する権力とその帰結が可視化される必要がある（Stanley 2018）。養育者の様々な経験や意見はリスクアセスメントの枠内に強引にはめ込められ、その肉声はかき消される。そしてその機関やソーシャルワーカーへの異論や反論は、管理や支配への抵抗としてではなく、それ自体が「より上位のレベルのリスク」として処理される（Brown 2006, Polack 2010）。

リスクアセスメントの項目は、欠陥や問題に関するもので、ネガティブな側面への焦点付けでしかない（Ayre 1998）。リスクが照準されるので、子どもや家族はその社会文化的コンテクストから切り離され、家族が保持しているかもしれない強さや資源、能力が軽視される（Strega 2009）。「家族の強み」を書き記すこともソーシャルワーカーに求められているが、格段に重視されているのは親の被虐待歴、疾病や障害などで測定される「ペアレンティングの欠落」のほうである（Hall and Slembrouck 2011）。一旦、親がリスクの源であると位置づけられると、ソーシャルワーカーが、その親と協調していくこと自体が難しくなる（Stanley and Surinder 2015）。

リスク要因がスティグマ化され、属性化されてしまう点にも懸念が示されている。リスクアセスメントは、児童虐待のハイリスク集合体の位置づけであることから、ハイリスクであるということは、その人がどういう人であるか、を決定づけるからである。その結果、リスクが、自分の足や手のサイズのように、個人の固定された属性になってしまう（Furedi 2007: 6）。リスクアセスメントは、多くの場合、低階層、民族的なマイノリティといったすでに社会的に周辺化されている人たちを、ハイリスクという反論しにくい科学的なスティグマを公式に貼り付けることで、さらに周辺に固定化する（Keddell 2015, Pollack 2010）。同時に、とくに低階層の家族を心理化し、病理化する（Hyslop and Keddell 2018）。しかし、そこでは階層とジェンダーの問題が隠蔽され、女性の心理学的な欠陥や道徳的欠陥が焦点化されることになる（Breines and Gordon 1983, Swift 1995）。リスクアセスメントは、貧困や、安全性の欠如、良質の住居の不足といった社会的問題から目をそらさせるだけでなく、これらの要因をリスクとして個人に責任を負わせているということになる（Gillingham and Bromfield 2008, Strega 2009:143）。

また、米国の児童虐待法制度に詳しいマイケル・ウォールドらは、早い時点でリスクアセスメントを使用する児童保護機関が抱える問題を強調した。児童保護機関のスタッフの経験不足や資源の不足という根本的な問題は放置され、それらを補う目的でリスクアセスメントが用いられるからである（Wald and Woolverton 1990）。リスクアセスメントの使用が、専門家の経験知や技能の低下に資するという批判はウォールドたちをはじめ、初期の論者からだされている（Dingwall 1989）。

つまり、リスクアセスメントの根拠は、客観的で経験的で、そして虐待を判定することができるという前提であるはずが、そうではないという指摘がなされてきた。しかもその判定が周辺化された人たちへのさらなる負の意味づけに寄与し、行動に影響を与える社会的ならびに環境的な影響を無視するか、個人のリスクだとすることで、社会的な問題を隠匿し、児童保護機関の問題を放置し、養育者に問題を帰属させ、構造的な不平等を維持する、と指弾されているのである。

こういう批判を強く意識し、米国のアイリーン・ギャンブリルとアロン・シュロンスキーは、親の側のリスクしかみない「偏狭なアプローチ」からの脱却を説いた。社会政策に起因するリスク（公的扶助・雇用扶助・住宅政策・他の社会福祉サービスの不備等）や、児童福祉サービスの提供者側に属するリスク（利用者の病理化、間違ったリスクアセスメントの使用等）を突き止め、それらを軽減することを児童福祉におけるリスク・マネイジメントとして包括的に実施することを提案したのである（Gambrill and Shlonsky 2001）。

統計学の基本に立ち返れば、本人が含まれていない別集団で過去の出来事から確定されたリスクが当該集団の本人にいま適用されることには異論がある。テクノロジーを含む社会の変化を考えると、過去は信頼できる情報源ではない（Alaszewski and Burgess 2007）。もしこの点を差し置いたとしても、児童虐待防止対策では、リスクが親の虐待認定や子どもの一時保護・長期分離という個々人の人生に影響を及ぼす重要事項の判定に使われることは議論されるべきである。

筆者は以前、共同研究者と、日本で主たるリスクアセスメントが根拠づけられた調査を検討したことがあるが、リスク項目を統計的に裏付けたとする調査研究の手続きは信頼性・妥当性・倫理基準など社会調査の通常の手続きに照らせば深刻な問題が含まれていた。その詳細は別著（上野・野村 2003）に譲るが、リスクアセスメントの作成調査のひとつのパターンは次のようなものであった。

特定された「虐待あり群」を収集した他の変数と次々にかけ合わせて、群の傾向を指摘していく。母親の年齢、家族構成、婚姻状況（同居・別居・離別）、夫の学歴、子どもの数、子どものリスクファクター（きょうだいの不仲、学力の遅れ、自分の連れ子）、学校に対する信頼感と満足感、担任教師への感情、学校との日常のつながり、保護者活動への参加の程度、子育て協力者の有無と内容、転職や失業、子どもと気が合うかどうか、母性意識、母の自尊感情、母が育った環境、うつ傾向、解離傾向が調べられていた。最終的に、これらの変数のうち虐待得点との関連が有意であったものと虐待得点とを重回帰分析にかけ、虐待の予測因子を特定する。これらの分析とそこから導かれた結果の妥当性は、いずれも「虐待あり」とされる群の特定についての妥当性に依存していた。しかし、「虐待あり群」は、説明のつけられない、恣意的に設定された群である。群の線引きのポイントを上げ下げすれば、統計的有意性も変化することになる（上野・野村 2003）。

虐待リスク項目を決定する調査はその後も、これまでに国内外の先行研究で記載されているリスク項目が正しいという大前提で進められている。上記のリスクアセスメント・ウォーズにある「数理」に「合意」を取り込んだ混合モデルが採用され、有識者や現場経験者の意見や勘を取り込んで作成されている[1]。統計分析をしているリスク項目作成の調査研究のなかには、何が虐待高リスク群かは、担当保健師による判断といったものがある（たとえば、吉岡ほか2016）。

なお、児童相談所の虐待群においても、第5章で触れるが、そこには誤認保護が含まれている。また児童相談所に対して保護者が子どもへの面談時期や回数、早期帰宅の可能性と引き換えに親が虐待を認めざるを得ない状況もある。それも含めて「虐待群」なのである。

3 「子育て標準家族」の構築

日本では、リスクのチェックが児童虐待対策の中心になっており、妊娠確定時の産科受診、役所での母子手帳の交付、乳児のいる家族への全戸家庭訪問である「こんにちは赤ちゃん事業」、ゼロ歳児健診、一歳児半健診、三歳児健診などが、リスクアセスメントを用いた児童虐待の早期発見の場となっていることは第2章で記したとおりである。英国では児童虐待問題の台頭により、子どものいる家族という人口集団への国家の監視がアセスメントのレベルと範囲と包括性において、他の人口集団よりはるかに徹底しているとされたが（Howe 1992: 501）、日本でもこのようにいくつかの段階で当該人口の全数チェックがなされている。

これらの児童虐待のリスクには、どんな項目が挙がっているのだろうか。子どもが受けた怪我の程度や、保護者が行った行為の内容といった、児童虐待と直接関連する項目は、それ以外の項目に比べると少ない。それ以外の項目が多く挙げられているからである。リスクアセスメントの場面や用途によって異なるが、養育者や子どもが示す微細な兆候、日常生活の状態、さらには母親の内面に関連した項目が多くを占めている。たとえば、養育者の被虐待歴、愛されなかった思い、しつけ主張、母若年、未婚、婚外妊娠、不自然な転居歴、料理・掃除ができない、父母の年齢差、経済状況（生活保護・助産券使用・医療費未払い・市民税非課税・多額の借金・不安定就労・世帯収入が生活保護基準を下回っている・無職）、反社会的行動、親の犯罪・服役、劣悪住居、機関介入拒否、地域で孤立、入院中・退院時でのトラブル、望まぬ妊娠、出産状況（多子）、子どもの分離歴（長期入院、施設入所、親以外の養育者等）、障害児、ひとり親、頻繁な受診、産後鬱、精神科通院歴、子どもの万引き等の虞犯行為、不登校、年齢不相応な性的言動、内縁の親子関係、義父母、夫婦不和、親のアルコール依存、異性の友人が出入りするひとり親家族、ＤＶ被害などである。父母の年齢差と生活苦など、普通に考えれば相互に何の関連性もないような項目が、虐待のリスクという同一カテゴリーに入っている。虐待リスクを介して、実に多くの項目が連なっているという見方もできる。児童相談所、保健所、病院、保育園、学校、警察など多岐にわたる機関、多岐にわたる専門職において「リスク」が共通言語になり、協力体制が築かれている。そこでは様々な公的機関を中心とした多重的でシステマティックな親子の把握、つまり情報共有が促されているのである。

虐待防止の眼差しが注がれている対象は、日本でも父親より母親のほうである。これは、児童虐待のゲートキーパーと位置づけられている母子保健が女性の妊娠期からの切れ目のない虐待予防として、健診などを通して連続した関与を行っていることと深く関係している。評価表はあくまで母親を対象としてつくられており、父親については育児や家事への協力や喫煙をたずねている程度である。「母子家庭」「母若年」「母性意識」「母親の訴えが多い」「高齢出産」など、母親だけに関連する項目が多数をしめている。「望まぬ妊娠」「妊娠・出産のストレス」「育児ノイローゼ」「家事能力不足」「抱き方がぎこちない」「育児知識の不足」「乳幼児健診未受診」「問診票の記載が全くない」なども、主に母親を想定した項目であり、リスクアセスメントは主に女性に照準されている。つまり、児童虐待とは、母親の、近代家族的な家族形成の失敗、家族生活へのコミットメントの欠如や母子の絆の形成の失敗だと考えられているのである。このことは、虐待する母親の対極にある親像を想像すると、よりわかりやすい。婚姻届をだし、アルコール等におぼれることなく、公的機関に経済的に依存せず、子どもだけではなく夫や他の親族や近隣とも良好な関係を築き、常に計画性をもって物事にあたり、離婚せずに、家事育児をこなす。子どもを病弱にせず、学校に行かせて犯罪行為から遠ざけ、卓越したソーシャルスキルと自己修練で子どもを一身に育てる女性であることがわかる。

つまり、男性の育児参加を後押しする政策、ジェンダー平等や家族の多様化を称揚するアカデミックな言説とは異なり、子育て支援の行政の現場では、児童虐待防止対策の導入に伴い、完璧な形で育児に備える女性を核とした子育て家族像がむしろ強まってきたようにみえる。

ところで、日本の児童虐待防止では、何がリスクとなるのかを積極的に広報して、人々に警告することはされていない。リスク要因は、「警告」ではなく「判定」に使われるからである。これは、犯罪や疾病のリスク予防が、関係する人口の「恐れ」や「注意」の喚起を目的としているのとは異なっている。しかし、厚生労働省の虐待リスクアセスメント等がどのような項目から構成されているかはホームページ等で公開されている。それを直接閲覧しないまでも、ＳＮＳなどによって専門機関から虐待の疑いの眼差しが自分たちに向けられているだろうことは、小さな子どもがいる母親の間では知られていることなのである。この疑念の眼差しが放つ究極のメッセージは、「自分で育てられないのなら子どもを産むな」ではないだろうか。

【注】

1　たとえば、『二〇一九年度 子ども・子育て支援推進調査研究事業調査研究報告書、事業名：児童虐待対応におけるアセスメントの在り方に関する調査研究』https://www.mhlw.go.jp/content/11900000/000757381.pdf

第4章 ネオリベラルな福祉

1 児童福祉から児童保護へ——ニーズからリスクの読み替え

児童福祉の現場で、児童虐待のリスクによる予測モデルが浸透したことで、「児童保護」という言葉は新しい意味づけを獲得している（Keddell 2015）。予測の段階での介入は、プライバシーの侵害につながりやすいため、利用者の同意を得るのが難しいはずである。だからといって、同意なしに介入することには、大きな倫理的な問題があるはずである。しかし、そうした虐待リスクを把握する介入が違和感なく受け入れられているのは、私たちがリスク社会の住人だからである。

「私は空腹」という事実が、リスク社会においては、「私は恐れている」というフレーズに置き換えられる（Walklate and Mythen 2010: 48）。リスクとは、突き詰めていえば、恐怖のレトリックである。ソーシャルワークでリスク・パラダイムが支配的になるにつれ、リスクのレトリックが「恐怖」をさらに蔓延させ、ソーシャルワーカーが説明責任の不安に怯えるようになってきた（Stanford 2010）。そして、その過程で、福祉が介入の照準をあてていた平等／不平等の価値体系での「空腹」といった基本的なニーズから焦点がずれ、それが恐怖に替えられてしまったのである。児童福祉でリスクの概念が浸透したことにより、子どもやその家族のニーズに沿って長期に援助するよりも、家族を調査し、子どもを危険な養育者から保護することが優先されるようになった。

このように児童虐待のリスクへの焦点化によって従来の児童福祉が児童保護へと変化し、子どもの最善の利益と家族の利益や地域の利益が対立しうるものとして示されることになる。そして、介入したにもかかわらず子どもが死亡したケースに注目することで、人々は児童虐待について特定の様式で考えるようになる。家族の異変に気付かなければ子どもたちは親のもとで危険にさらされるので、家族に関する情報を包括的で客観的な様式で集め、異変を察知し子どもを守るのが児童福祉の使命であるといった考え方が標準的になる。ソーシャルワーカーの関心は、家族を機能させるより、子どもを守ることにシフトし、かれらの「よい実践」は、「調査と監視」のボキャブラリーで語られるようになってしまったのである（Howe 1992: 496）。

かつての福祉国家の枠組みではニーズと受け取られていたであろうものが、リスクとみなされるようになっている。ハナ－モファットはこの点を充足されないニーズのリスク化と呼んだ（Hannah-Moffat 1999）。「経済的困窮」「援助者がいない」「病人や寝たきり老人などを抱え、育児過多・負担増の家庭」「精神疾患」「被虐待歴」など、家族の経済ニーズやケアニーズ、あるいは精神衛生のニーズとしてとらえられていたものが、児童虐待防止政策ではリスクになり、ニーズからリスクに読み替えられ、両者の区別すらなされなくなっている。

2　児童虐待事例再訪

リスクアセスメント表の作成や使用に関する研究は日本でも多くなされてきたが、公的機関によって児童虐待と判定された親がそのことをどのように受け止めているのかについて公表されている研究は、筆者が知る限り少ない。そのなかで辻京子の「児童虐待リスクとしての母子家庭――社会的排除とジェンダーの視点」（2015）は、リスクアセスメントにより虐待あるいは虐待の疑いがあると判定され、公的機関が介入した六人の母親（A～F氏）に、公的機関とのやり取りや地域における人間関係の変化を中心に聞き取っている。この調査では、すべての母親が、地域の保健センターの保健師、保育園の保育士、民生委員、児童相談所の児童福祉司などから、子育てが大変であるとみられていた。母親六人の子どもには、実際に虐待に起因するような怪我の跡があるわけではなかった。しかし、三歳児健診の未受診、子どもの身体症状（急性ストレス性胃腸炎、喘息）や発達障害、警察の補導、夜間に子どもだけにしていることなどが問題とされた。児童福祉司は、母親に虐待あるいは虐待の疑いがあることは伝えていたが、虐待の種別については説明していなかった。調査対象者の全員が、児童福祉司や保育士、民生委員からの相談やカウンセリングの案内を断り、とくにそのうちのひとりは児童相談所の一時保護の提案を撥ねつけたことで、さらに虐待を強く疑われ、継続的な「見守り」（C氏）の対象となったと認識していた。地域社会との関係では、母親たちは、虐待を疑われ、児童福祉司、保育士、民生委員、児童委員などとの関わりが増えたことで、周囲の人から問題がある家庭と見なされ、近隣との関係が疎遠になった。六人のうち三人は自営業であり、専門家の家庭訪問の回数が増え、客が離れた。とくにそのうちのひとり（C氏）は、収入が減少したため、実家の父親に金銭援助を依頼した。パート就労の母親（F氏）も専門家との面接のために仕事を休むことで収入が減り、さらなる経済的問題を抱えることになった。

ここで紹介した内容は、辻（2015）が保護者たちにインタビューをして、状況を切り取り、それを対象者に戻し、掲載許可を取ったものである。それゆえ、これら六人の母親たちに「実際に起こったこと」、あるいは少なくとも彼女たち自身が「自分の身に降りかかったことをどのように認識しているか」ということとは、若干のずれがあるかもしれない。しかし、少なくとも、この事例に示されているのは、「虐待のリスク」という考えをもってこなければ、公的機関が、これら六家族に介入するのは難しかっただろうということである。それに加えて、離婚する、母子家庭になる、経済的に不安定になる、夜間働く、といった日常生活上ないし経済生活上のライフイベントが、リスクアセスメントの現場では、児童虐待と強く関連付けられている。実際、これら六事例は、すべて経済的な不安定さを抱える家族であり（うち一世帯は生活保護世帯）、それに伴う階層化されたリスク要因（Chan and Rigakos 2002）を抱えている。とくに母子家庭のリスクとしての影響力については、「うちは母子家庭だから前から疑われているだろうな」（A氏）、「保健師が問診票を見て、お母さん、母子家庭なんやねって言われた」（B氏）、「発達障害がある子どもさんを一人で育てるのは大変でしょ。関わり方を話し合いませんかと言われた」（C氏）などと、すべての母親が言及していた（辻 2015）。

母親たちは、地域の専門家たちや近隣住民から、養育期の子どもがいるのに離婚したこと、母子家庭の生活様式や子育ての様式が問題視されることに違和感を示していた。「若い保健師が来て、チェック表みたいなものを見ながら離婚した時期や養育費のこととか、ストレスを」（A氏）聞き取りに来たとき、母親の側は、自分たちの子育ての実践や経験を評価してもらえなかったどころか、問題化されたと感じていた（辻 2015）。

母子家庭は可視性が高くリスクアセスメントで捕捉されやすく、その母子家庭という属性が逆に彼女たち自身の声を消してしまう。ステレオタイプで判断され、彼女たちの肉声はまともに取り合ってもらえない。しっかりと周囲から見られているようでみられていないのである（Pollack 2010: 1270）。このことは、辻の取り上げた事例でも見られる。F氏は児童相談所の人が来て「夜のパートはやめて、昼間の仕事にしませんか」と言われた。そこで、「昼間のパートだけでは収入が少ないから、夜の収入がいいパートをしてるんです。生活のためです」と答えた。しかし、児童相談所の人から「わかりますが、夜の仕事から昼間の正規雇用にかわる努力をしましょう。お母さんが夜いないと子どもさんの生活が心配です」と返された。このやりとりで、F氏は「母子家庭の生活のことを知らないんだ」と受け止めたのである。児童福祉や困窮家庭の支援に携わる人たちが本来なら耳を傾けるべきは、「うちの家のことは知らんくせに」（B氏）という表現に典型的にみられる、「〈私たち〉の大変な母子家庭の生活を〈あの人たち〉は知らない」という利用者の言明であろう（辻 2015）。

前述したように「母子家庭」などが児童虐待のリスクとされてきたことについては、海外では専門家や研究者の間で異論が投げかけられてきた。しかし、F氏やB氏の証言からうかがえることは、これらの項目が論争を呼ぶのは、専門家や研究者の間だけではなく、第一に専門家と利用者（「虐待者」のラベルを貼られた人たち）との間だということである。再度強調すべきは、特定の親子関係がハイリスクなのではなく、その人たちが関わっている保健センター、児童相談所、保育園、小学校、近隣といった社会関係のなかで、その親子がリスクとみなされるのである。デブラ・ブラウンは、ソーシャルワーカーによるリスク評価でハイリスクとされてしまった母親が、その長期的な影響を心配する状況を記述している（Brown 2006）。日本では、当事者が、どのような項目でどのように評価された結果「ハイリスク群」に分類されたのかを知らされることはない。それどころか、虐待リスクアセスメントが実施されていることすら明確には知らされていない。しかし、多くの母親たちは、妊娠して産院に行くや否や自分たちが「児童虐待防止システム」の管理下に置かれることを薄々感じていることだろう。ましてや、児童相談所から連絡を受けたこの六人の母親たちは、「母子家庭」「夜のパート」「発達障害」など、やむにやまれぬ事情を理由として、公的機関や近隣に「見張られ」てきた、と感じている（辻 2015）。

しかし、児童虐待防止の現場では、こうした母親たちの思いが受け止められることはない。「腹を立てるだけ無駄。怒ったら、ますます虐待の母みたいに思われる」（B氏）のである。リスクがあるとされると、関係機関の「見守りサービス」の対象という受け身で依存的な役割が付与される。新しい属性である「虐待者」を獲得すると、母親が地域の関連機関との関係を上手く築いていかなければならない。その役割を引き受けることで、ますます依存的で脆弱性の高い状態に置かれるようになる。

そうした見守り体制からの脱出を図る行為もまた、辻の事例（2015）では、さらなる「リスク要因」と評価され、監視はさらに強化される。引越し（F氏）や保育園の転園（B氏）は、当事者にしてみれば、住宅問題の解決、ＤＶの配偶者からの逃避、地域コミュニティからの排除への消極的抵抗である。あるいは、一方的な解釈を押し付けてくる専門家からの脱出である。しかし、こうした行動は、けっしてそのようには解釈されず、虐待のさらなるリスクとしてのみ解釈されるのである。「わかったから、もう来ないで」（E氏）といったように、相談のサービスや心理士のカウンセリングを断ることも同様である。さらに、養育者の「しつけの主張」もまた児童虐待リスクとみなされうる。「私には私のしつけの仕方があると言うと、民生委員に〝不利になるよ〟と言われた」（C氏）といったように、専門家の対応のまずさや押しつけがましさに焦点があてられることはまずなく、ひたすら虐待者が追及される（辻 2015）。児童虐待防止システムに捕捉された養育者は、自分たちが生活で得てきた知識や経験に沿うのではなく、最終的にはカウンセリングであれエンパワーメントであれ、専門家がリスクがないとみなすジェンダー化された養育方法と態度に同調させられていく。そうでないと、「協力的でない」「敵対的」だとみなされリスクが下がらないのである（Strega 2009: 142-3）。

他方、児童相談所や関係機関といった専門家の側も、こうした虐待防止システムに取り込まれてしまっている。もちろん、リスクアセスメントの使用は、問題が生じたときに現場の組織を守るための道具である（Gillingham 2006）。しかし、虐待防止システムのなかでは、現場のスタッフもまた監視され、子どものリスクアセスメントをより一層正当化していかなければならない（Haney 2004）。養育者だけでなく、現場の専門家もまた、受け身的な存在にされ（Howe 1992: 498）、強い規制の対象となったのである。そして母親たちは、そのことも見抜いている。「児童相談所も一生懸命、仕事してるだけ」（A氏）、「保育士は、虐待があるか、ないかって目で見てるんだと思う。虐待を発見するためのマニュアルみたいなのがあって、それに従っているだけと思う」（B氏）（辻 2015）。

諸関係機関の連携として構築され、世論の後押しさえ受けたシステムの中では、監視する側もまた監視されており、「虐待者」からの異議申し立てや抵抗に対しては、防衛的に対応するほかないのである。

リスクの存在を仮定する人たちは、それを数値化することで、物質のようにモノ化し、抽出し排除できるとみなしている。しかし、これは自己矛盾的な思い込みである。そもそもリスクの考え方は、諸要因が相互に連関して、複合的にリスクになるという多重原因論だからである。複合的に絡まりあったリスクの中のひとつを、他の諸要因から切り離すことはできないし、ひとつのリスク要因を排除することで、状態のさらなる悪化を招来することがある。一つのリスクが取り除かれ新しい新しいシステムの状態になると、別のリスク要因が出現しうるのである（佐藤 2013）。児童保護においても、その決定が子どもたちと親に及ぼす影響は不確実である。有害性や危険から子どもを遠ざけたり、そのリスクに対処したつもりでも、その行為が「新しいリスク」を生起させることが当然ある（Alaszewski and Burgess 2007）。

上記の事例でも、このことは鮮烈な形でみて取れる。つまり、ハイリスクとみなされた母親たちのもとに、専門家や児童委員の訪問が増えることで、彼女たちは「精神的に追い詰められ」（E氏）、母親と近隣住民との関係が変化してしまった。それまでも地域において色眼鏡でみられていた母子家庭が、より一層周辺化されることになった。さらに、児童相談所での面談などで母親の労働時間が減少したことにより、収入が減り、一層ストレスの強い状況が招来されたのである。これでは、まだ具体的な虐待行為に至っていない、単なる「ハイリスク」であった母親を追い詰め、本当に子どもへの加害行為に走らせかねないのではないか。

医学では、ハイリスクの患者への基本的な治療は「投薬」であろうが、児童福祉現場が扱う子どもの養育には膨大で継続的な労働力が必要である。労働力を投下して、虐待が予防できるどころか、単なる「ハイリスク群」を実際の虐待に追い込んでしまったとしたら、全く本末転倒である。

結局のところ、リスクアセスメントの何が問題なのだろうか。ここで見てきた事例から明らかなことは、まず、「リスク要因」とされている項目が、「母子家庭」「夜のパート」「発達障害」など、アセスメントされる本人にはいかんともしがたいものが多いという点である。とくに「母子家庭」や「夜のパート」などは、その家庭の社会的、経済的状況と強い関連がある。児童虐待リスクアセスメントが使用されてきた海外でも、社会的ならびに経済的に周辺化されてきた家族が主な介入対象になっていることは頻繁に言及されてきた。日本の児童相談所に通告された虐待事例の調査においても、経済階層と虐待の強い関連性は明らかになっている（東京都福祉保健局 2005、辻 2016、山形県 2010）。にもかかわらず、それら社会的経済的状況がひとたび「リスク要因」とみなされると、母親個人の問題にすり替えられてしまうのである。

3　ネオリベラルな福祉——新しい責任主体

統治に焦点を当てた議論では、人間行動をカテゴリー化するネオリベラル政治体制の制度としてリスクが分析されてきた。リスク概念とともに、政府の介入に対して個人の自由と権利を称揚するネオリベラルの政治体制が後期近代の国家に出現し、それと適合する新しい主体の概念が作り出されてきた。社会は、健康、雇用、富、そして安全といった点でリスクを管理する「責任を引き受ける主体」（O' Malley 1992: 266-7）、そして複数の事象のリスクに対して賢明な決定をしていく「思慮深い市民」（Kemshall 2010）から構成されることになっている。犯罪被害、病気、失業、年金の運用などにおいて、リスクが知らされているにもかかわらず、それを回避できなかった場合、リスクの管理に失敗した個人に責任が帰属させられる。リスクによる犯罪防止では、思慮主義が称揚され、政府の労働市場や福祉政策という「社会化された保険数理主義」ではなく、私的保険契約などの「私事化された保険数理主義」に接合されてしまう（O' Malley 1992）。

これらの議論が一様に強調するのは、政策側ではなく、人口の側の諸個人に様々な事柄の責任が帰属させられる点である。

貧困問題は、日本では一昔前までは「自己責任論」のターゲットとされてきたが、非正規雇用が一般化した最近は、一般の人たちの間でも、個人の問題ではなく社会経済的問題であると認識されるようになってきた（もちろん、保育所や雇用の問題は現実には改善されておらず、再生産労働力のコストは、経済的に不安定になっている家族に転嫁されたままであるが）。しかし、そうした問題系と、児童虐待の問題系とは接続されず、児童虐待の問題は相変わらず自己責任論の範疇にとどめられている。リスクアセスメントが横行する現場では、「家族は失業や貧困や保育の不足という出来事が顕在化する場であって、それらの原因ではない」という見方は、後景に退いてしまう。したがって、ここで見てきた事例からも明らかなように、経済的な困難をかかえる母親を、経済支援をせずに、セラピーに誘導することが奇妙に映らないのである（Pollack 2010: 1268）。

では、なぜこのような「ニーズとサービスのミスマッチ」が起こるのか。それは、やはり、リスクという概念が、個人の責任の強調と社会福祉の歳出縮減というネオリベラリズムのイデオロギー装置という一面をもっているからである（Parton 1998, Pollack 2010）。

ショシャナ・ポラックは、ネオリベラルなウエルフェア（福祉）という言葉を用いて、リスクという考えが、刑務所や児童保護、メンタルヘルスなど多くの分野において、周辺化された人たちを規制するツールだと位置づけている（Pollack 2010）。市場、個人主義、そして規制緩和によるグローバルな経済活動が最重視され、国家の社会保障が民営化により経済活動に転化（たとえば刑務所産業）してきたなかで、政府はリスクという考えで福祉体制を変質させつつかろうじて維持させ、生活困窮者などへの規制を強めてきている。リスク言説で、周辺化された人々に自己規制を奨励し、厳密で懲罰的な規制に身をゆだねさせ、国家のパワーに服従させる（Pollack 2010: 1273）。そして、リスクによる統治の戦略は、自分の人生の困難に立ち向かおうとしない非生産的な人たち、あるいはリスクという観点から物事を考えられない人たちにまっさきに向けられてきたのである（Giddens 1991=2005, Hyslop 2016）。リスク言説は、科学的という装いのもとに、ある特定の社会の価値観から逸脱する人々を監視する仕組みであり、失業や貧困・保育が足りない状態、安全性を欠く住宅といった社会の問題を、リスクをマネージできなかった個人に責任転嫁する（Strega 2009）。ネオリベラル福祉国家では、社会福祉の実践技法もこうしたリスク管理による統治体制の一端を担うものへと変質する。こうした文脈の中で、従来的な「児童福祉」は「児童保護」の性格を強めることになる。そして、ハイリスクとされた、つまりネオリベラル的価値観に一致しない母親たちを、その価値観に従うように強いる装置になったのである。

その価値観はきわめてジェンダー化された価値観でもある。つまり、リスクアセスメントとは、従来的な「あるべき母親像」を、そこから逸脱するとみなされた母親たちに強要する装置でもある。児童保護では、リスクに向き合う自己改革——期待された市民になる——は、関係機関での強制的なエンパワーメント・プログラムといったものを通じて母親により強く要請されている（Reich 2005）。そして、その責任主体もジェンダー中立的なものではなく、ジェンダー化された主体という側面が認められる（Hannah-Moffat and O' Malley 2007）。

彼女たちは、「支援が必要な母親」として、したがってエンパワーメントが実施される対象として、最初に専門家や機関によって価値を奪われるかたちで構築され、エンパワーメントを通して価値が付与され、責任主体とならなければならない。そういう筋書きになっている。

そして、児童虐待問題に携わる現場の専門家の多くもまた、女性である。彼女たちもまた、政府から「あるべき振る舞い」に当てはまるように規制され、女性である利用者を管理する構造に組み入れられている（Pollack and Rossiter 2010）。児童福祉から児童保護へのシフトは、政策を立案する政府の責任を、養育者だけでなく現場にも転嫁してきた過程である。つまるところ、子どもを養育する家族だけでなく、現場スタッフと児童保護機関もまた、ネオリベラルな福祉の犠牲者である。

第5章

親による親子分離の語り

児童虐待問題への対応は、国際的にみると、国や地域によって違いが認められるが、日本は、米国などと同様の、通告と調査に重きを置いた対策を取り入れており、日本での虐待相談対応件数の増加も、そのことと関連がある。本章ではナンシー・フレイモンドたちが虐待問題への対応についての国際比較研究で提示した三つの類型――（1）児童保護システム、（2）コミュニティ・ケアリングシステム、（3）家族サービスシステム――を紹介し、通告と調査に焦点を当てた「児童保護システム」は、そのひとつにすぎないことを示す（Freymond and Cameron eds. 2006）。そして本章の後半では、児童相談所で虐待と判定された母親へのインタビューなどから、児童保護システムに組み込まれている「子どもを守れない親」という見方にもとづく実践がどのような問題を抱えているのかを検討し、他の二つのシステムを参照することで改善の方向性を考える。

1　児童虐待問題の位置づけ——国際比較研究による三つの分類

社会福祉における児童虐待問題への対応は、国やコミュニティによって相違が認められ、いくつかのパターン分けがなされている。もっとも頻繁に参照されてきたのは、ニール・ギルバートたち（Gilbert ed. 1997）による国際分類である。ギルバートたちは、児童虐待に対応している西欧諸国九か国を検討し、大きく二つのパターンに分類している。まず虐待の通告を奨励しリスクアセスメントで家族を調査し、必要な場合に子どもを保護していくが、その各段階において法による介入を重視した（1）「児童保護志向」（米国、カナダ、英国）である。つぎに、家族の心理的ならびに社会的な困難に対して家族へのサポートの提供で対応していこうとする（2）「家族サービス志向」で、これはさらに通告義務のある国（デンマーク、スウェーデン、フィンランド）と、ない国（ベルギー、オランダ、ドイツ）に分けられている。

このような国際分類の議論において、一つの国のなかでの文化による異なった二つの対応パターンが存在していることに言及した研究が、フレイモンドたちの（Freymond and Cameron eds. 2006）の国際比較研究である。この研究は、児童虐待への対応を児童保護システムと家族サービスシステムに分類しており、ギルバートたち（1997）の二分類とほぼ同じであったが、異なっているのは、児童保護システムと分類される国において認められる「コミュニティ・ケアリングシステム」（カナダの先住民、アオテアロア／ニュージーランドのマオリ）の存在を指摘したことである。先住民族への児童保護システムからの破壊的介入についての批判を踏まえて、国レベルに加えて、コミュニティレベルを加えた点でギルバートたちより斬新であるように思う。つまり、（1）虐待の通告、家族の調査、必要な場合の代替ケアやスーパービジョンなどを軸にした、子どもの養育者からの保護を主眼におく米国・カナダ・英国・オーストラリア・ニュージーランドの児童保護システム、（2）子どもの福祉が親族を含めたコミュニティの関心事として位置づけられている、カナダの先住民やアオテアロア／ニュージーランドのマオリなどの先住民のコミュニティで認められるコミュニティ・ケアリングシステム、そして（3）子どもの保護は児童福祉のなかのひとつを占めるにすぎないスウェーデン、オランダ、フランス・ベルギー、フィンランド、ドイツなどの家族サービスシステムである（Freymond and Cameron eds. 2006）。

（1）児童保護システム

このシステムでは、子どものケアの責任主体は親であり、そのケアが最低限の基準を満たしていない疑いがあったときに、公的機関が介入する。子育てに関して家族は援助なしでやっていけることが前提とされており、子どもに適切なケアをするのを妨げているのは、親の性格特性であるとみなされがちである。したがって、介入は、その親が暮らす社会的環境を整えることよりも、個々の親（通常は母親）を変えることが目的となる。

虐待の通告があった場合には強制的な調査が行われる。その際に、標準化されたリスクアセスメントや公式な記録用紙が用いられ、その様式は、裁判所で証拠として使用できるように構造化されている。なぜなら、このシステムを採用している国では、家族のプライバシーと個人の権利が価値づけされているので、家族に介入するには、法権力と適正手続きが重要になるからである。言い換えれば、ソーシャルワーカーが独自の考えにもとづき、家族と関わることができる自由裁量の部分が少ない。近年このシステムを取る諸国では、ハイリスクの親の行動をモニターし、親子分離をした場合は、再統合プログラムなどで、親の行動をコントロールすることに焦点が当てられてきている。そして、そのようなハイリスクとみなされた親に対しては、結果としてスティグマが付与されることになる。

（2）コミュニティ・ケアリングシステム

いくつかの先住民社会では、拡大家族、コミュニティ、場所や歴史、そして精神的なものへのつながりが重視され、人は個人というよりも、拡大家族の一部とみなされる。それゆえ、子どもの保護とケアは、親、拡大家族、そしてコミュニティとの調整事項になる。子どもや親や家族の苦境は、通常、コロニアリズム（植民地主義）、民族差別、さらにはコミュニティの解体などから理解される。援助方法としては、親と拡大家族、コミュニティの成員とが協同して、アクション計画を立て、コミュニティ内で家族にとって資源となるものを突き止める。このプロセスでは、伝統的な先住民の価値と手続きに沿うことが重要になる。子どもを家族とコミュニティ内にとどめることに強い価値が置かれ、専門家でない人たちの関与が非常に大きい。家族は、コミュニティから援助されるという期待のもとで、子どもの世話に責任をもつが、理念的には、子どもと家族の安寧は、コミュニティの集合的な責任だと受け止められている。

（3）家族サービスシステム

子どもの発達は社会でシェアされるべき責任だという考えは、先住民のコミュニティ・ケアリングシステムほどではないが、ヨーロッパの家族サービスシステムにおいても共有されている。このシステムは、親子関係のためのサポートと子どもへのケアの提供を最重要の課題に掲げている。家族をサポートする際に、虐待リスクの存在は前提とされていない。子育ての問題は、貧困や環境的なストレス、適切な援助の不足によって悪化すると受け止められている。そして、適切な援助があれば、家族は機能するという考えにもとづいて、家族という単位を機能させるためのサポート提供の方法を見つけることに焦点が当てられる。

こうしたシステムを採る諸国では、困難に直面した親は自発的に援助を求めるだろうという前提があり、援助を求める家族は異常だという発想はない。家族への社会福祉制度が充実しているため、通常の行動の連続線上において、人生のある局面で、ほとんどの家族が社会福祉から援助を受けることになるからである。米国ならば「児童虐待」と認識されるような状況は、特異な性格特性を持った親に起因する特異事例だとは考えられず、多くの家族の子育てに共通したパターンの連続線上にあるという見方がなされる傾向が強い。したがって、児童虐待が特別な問題として取り上げられるというより、通常の子どもの健康と福祉サービスの一環として、児童虐待問題への対応も位置づけられている。子どもは家族のなかに留め置かれ、スティグマを付与されず、サポートが提供される。支援サービスを提供するチームが独立性をもち、サービスの提供を行う。子どもの家庭からの強制的な分離は、虐待が深刻であるといった例外的なケースにおいてのみであり、それも通常は短期間で、親の合意のもとになされる。これらがうまくいかない場合には、最後の手段として司法手続きにより介入がなされる。

以上の三類型は、あくまで理念的なものであり、同じシステムに分類された諸国の制度の間にも、大きな幅や類型からの逸脱がある。たとえば、「家族サービスシステム」に分類された国の中にも、通告の法律があり、ソーシャルワーカーが児童虐待の証拠を集め、司法に提出するという流れになっている国がある一方で、「児童保護システム」に分類された国の中にも、強制的な通告法をもたない国がある。「コミュニティ・ケアリングシステム」も、「児童保護システム」の国に当該コミュニティが含まれている場合、その国のシステムから影響を受けることになる。また、すべてのシステムが、最終的には子どもを養育者から分離する仕組みを持ち、子育て中の親を援助する方策を持っている。しかし、類型としてみた場合、その理念、援助の方法や量の違いは極めて大きいのである。

この国際比較研究は、「どのシステムが優れているかは一概には言えない」と強調する一方で、「児童保護システム」を長らく先導してきた米国で、虐待死と判定される子どもの割合が「家族サービスシステム」の国よりはるかに高いという事実も指摘する。つまり、通告と調査と親のモニターを中心とする制度の効果は実証されておらず、この点からはむしろこのシステムは困難に直面していると考えざるをえない。

では、その困難にどう対応すればよいのか。他の二つのシステムを参照することが、それを考えるための手掛かりとなるのではないだろうか。この国際比較研究から学ぶことができるのは、親子に歓迎される様式で援助を提供する、次に子どもの安全は最重要であるが、それを家族本位のサービス提供と矛盾させない、そしてサービス提供者が自分たちの日々の仕事の価値を実感できるようにする、などである（Freymond and Cameron eds. 2006）。

2 親子分離を経験した親へのインタビュー

フレイモンドたちの国際分類からすると、日本の現行の対策は、通告と調査を奨励する「児童保護システム」に分類されうる。これまでの章でみてきたように、家族に養育責任を帰し、児童虐待問題を焦点化し、リスクのアセスメントにもとづく、危険な養育者の発見と通告ならびに調査、必要な場合の代替ケア、そして子どものモニターや危険な養育者のスーパービジョンなどを制度化してきたからである。

本章では、児童保護システムにおける具体的な問題を引き続き考えるために、虐待判定による子どもとの分離を実際に経験した母親三名へのインタビューを紹介する。これらの母親の子どもはすべて児童福祉法第三三条にもとづく「児童相談所の長による児童の一時保護」を経験している（Aさん二年九か月、Bさん六か月、Cさん一年半）。うち二家族が裁判で保護解除を求め（Aさん、Cさん）、三家族とも家族再統合プログラムを経て、子どもが家庭に戻ってきている。母親には、児童相談所による児童の一時保護、施設の入所、そして再統合に至った経緯などを中心に質問した。

インタビューは、二〇一七年八月と九月に複数回にわたり実施し、不明な点はその後メールで確認した。必要に応じてインタビュー対象者に関係資料を提示してもらい説明を受けたが、詳細な記述は本人が特定されてしまうことから、要約形式でまとめた。事例の本書への掲載にあたっては、インタビュー対象者からは、内容の確認と掲載承諾を得ている。

(1) Aさん

二人娘の次女が生後二か月のとき、熱がでて体調が悪いので、病院に連れていった。入院して様子見になり、検査で硬膜下血腫と診断された。眼底出血もあった。専門医がいないということで、別の病院に転院した。そこで、眼底出血はない、硬膜下出血はあると言われた。そうしている間、児童相談所の職員から「揺さぶられっ子症候群の疑いがあるから保護します」と言われた。最初の病院が通告したことが後でわかった。病院での緊急の一時保護のあと、乳児院と児童養護施設へ一時保護された。

一時保護の解除をもとめて、裁判を起こした。自分たちが虐待をしていない証拠を出さなければならないので、硬膜下血腫が自宅ではなく、最初の病院での入院中の出血であるという鑑定を別の病院から取るなど、できることはすべてやった。

専門家からみたら、自分たちの子どもの接し方で、間違っているところや良くないところがあるのかもしれない。児童相談所には専門家がいるはずで、もし自分たちに改善点があれば、専門的見地から教えて欲しいと申し出た。しかし、そういうことに対する助言もなかった。児童相談所は、単に親と子どもを離したら、それで仕事は終わり、という感じにしか私たち夫婦にはみえなかった。

裁判では、弁護士と相談して児相を批判せずに、「裁判官に親の思いを伝える」というやり方を取った。「上の娘はこれだけきちんと成長している。次女に会えなくて寂しがっている。親はここまで強く子どもを思っている」、目的は子どもを返してもらうことだから、児相叩きは自分たちの本意ではないということ明確にしたうえで、でも自分は虐待をしていたとは認めないというスタンスを取った。

私たちの場合は、子どもが措置されてから予防接種があり、こちらにまだ親権があったので出向いて子どもに会うこともできた。そのとき体にいくつかの痣があったので、ビデオで撮影し、証拠として裁判所に提出した。高等裁判所の裁判官が、施設での怪我を調査させる、と私たちと児童相談所の双方の弁護士に伝えてくれた。そのあとで児童相談所から再統合します、と急に連絡があった。再統合は三か月で、はじめは職員も同席し、次は母子だけで、最後は夫も長女も参加して家族で面談する、といった流れだった。家族再統合のプランは予定よりずいぶん早く二か月で終了した。家族再統合の期間が当初の説明より短かったのは、硬膜下血腫が家庭ではなく、はじめの病院で起こったと認められたからだと私たち夫婦は思っている。保護の解除に二年九か月要した。親による虐待とは何か、児童相談所には、はっきりした定義を示して欲しい。脳の出血ということで、大事をとって一時保護になるというのは仕方ないのかもしれないが、親が加害者でないのなら、すぐに戻して欲しかった。

次女が家に戻ってきてすぐは、二歳違いの姉に暴言を吐いたり、暴れたりしたが、いまは落ち着いてている。児童養護施設では、たとえ担当者が熱心に子どもにかかわってくれて子どもがなついたとしても、退職などで担当が変わってしまう。児童相談所の担当者は「長く引き離して申し訳なかった」と個人的に謝罪してくれたが、私たち夫婦はすべての職員に次女の今の姿を見てほしい。

(2) Bさん

ネグレクトの疑いで一時保護（入院二か月、乳児院四か月）を経て、妻の実家での経過観察（六か月）が続いたケースである。

子ども（男児）を生後一〇か月で夫の実家に連れていったとき、つかまり立ちをしていたさいに、手を放して、直立したまま仰向きになり後頭部から床に倒れた。大泣きをしたので大丈夫だと思ったら、痙攣を起こし、あわてて救急車を呼んだ。救急車を待つ間、救急車の車内、病院についてからも嘔吐があった。ＣＴをとって、硬膜下血腫と言われ入院になった。翌日に、脳外科の医師に、三日前も仰向きに倒れたことを相談すると、脳外科医からは、「出血が減ってきているし、よくあること、すぐに退院できる」と言われた。その後、眼科を受診したところ、眼底出血があった。その翌日、小児科の主治医から、児童相談所に通告したと言われた。「私たちは、脳出血と眼底出血があれば児相に通告しなければならない」と説明された。

救急車を呼んでから五日後、児童相談所から「親の安全保護義務違反」であり、「子どもは自宅へは帰せない、乳児院への入所になるだろう」と通達された。「自分たちは虐待だとは思っていないが、揺さぶられっ子症候群の可能性が否定できない」ということであった。あとで、そのCTの画像を借り出して、「揺さぶられっ子症候群ではなく、典型的な硬膜下血腫の中村I型」という鑑定を小児脳外科の専門医から出してもらい、児童相談所に提出したが、その見解については何も変わらなかった。病院での一時保護が二か月続いた後、乳児院を勧められた。乳児院で三か月入所しながら家族再統合プログラムを開始するので、と説明を受けた。児童相談所の担当者の言葉を信じるしかなく、再統合プログラムに同意した。しかし、このプログラムのロードマップは、虐待（ネグレクト）をしたことを最初に認めなければならない内容になっていた。本当に悔しいことだが、弁護士もまじえて相談し、夫が子どもが一番早く帰ってくる方法を選ぶべきだと言い、自分も同意した。

それから、息子は結局、約四か月乳児院にいた。面会は可能であったが、自分の両親どちらかの同伴が必要ということで、自分の両親が交代で一緒に面会にいった。この乳児院では、とても良くしてもらい、息子の様子を他児との中でみることができた。不妊治療をしてやっと生まれてきたくれた子どもで、自分も育児に前のめりになり力が入りすぎていたのかと、いろいろと考えさせられることもあった。

本当に大変だったのは乳児院を退所してからだった。二四時間、第三者の監視がある生活をすること、自分の両親と同居すること、自分たち親子三人でいる時間をつくらないこと、認可保育所に預け、送迎も第三者に依頼すること、などの条件付き退所だったからである。自分たち夫婦は夫の実家を希望したが、「事件が起こった場所なので」、と却下された。自分の実家に引っ越し、自分の両親どちらかが保育所の送迎に付き添えないときは、人を雇わなければならなかった。保育園の送迎は主に安価な自治体のファミリーサポートを利用したが、ファミリーサポートで対応できない部分はベビーシッターを雇った。これは二時間からで、保育所が家から遠いため、一日四時間と、費用もかかった。保育所の担当者も、自分や夫だけで送迎ができるのではないか、と児童相談所にかけあってくれたが、許可されなかった。スーパーに自分たち三人でいくこともできない。児童相談所は、私の実家を事前に調査に来たが形式的なものであった。自分の母は積極的に孫の面倒を見るタイプではない。もともと難しい人であり急な同居により軋轢が生じていることを児童相談所に相談したが、聞き入れられなかった。児童相談所の職員、保健師、子ども福祉課の職員による家庭訪問など毎週何かしらある状態であった。夫は同居開始三か月目で実家を追い出されてしまい、この状態が三か月続いた。児童相談所とのかかわりは、一時保護開始から一年一か月後に終わった。最後の訪問で児童相談所から保健師が来たときに、育児について公的機関に相談していたことが、育児不安とみなされ、今回の判定に影響していた、と言われて複雑な心境になった。自分は一人っ子で、はじめての子育てなので、子育て支援センターや保健センターに何度も行き、なんでも相談していた。とくに四か月健診では母乳の量が足りていないのではと心配だったからである。「こんにちは赤ちゃん事業」の問診票にも正直に答え、エジンバラ鬱尺度の点数が九点とすでに高かった。こんなことも関係したのか、と思った。

現在の欧米の小児医学の基準では、硬膜下出血と眼底出血のふたつでは、乳幼児揺さぶられっ子症候群と判定できない、という脳小児医学の専門医の所見についてどう考えるかを一時保護で入院していた病院の小児科医に質問したところ、今後も、虐待の可能性があれば自分たちは同じことをすると言われた。児童相談所にも同じ質問を投げかけたが、「子どもが怪我をした事実は変わらない」という回答であった。

夫はこの一件は忘れてこれからの生活を考えることが賢明だと言う。自分と実家との関係は、この件で最悪になった。自分は、子どもが二度と頭を打たないように、子どもから目を離さないようにしている。

(3) Cさん

夫婦喧嘩がひどく、自分も疲れており、子ども(男児、当時一~二歳にかけて)がそれを見て泣くので、児童相談所に相談した。安定剤を数回服用していたことを正直に、転居後の児童相談所で話していたにもかかわらず、児童相談所が前の児童相談所から情報を取ったことが裁判所に提出した書類に記載されていたことにショックを受けている。二〇一二年に離婚して、心機一転、東京に来た。その際に保育所の空きがなかったので、子どもを実家の両親に六か月預かってもらった。保育所が決まり、子どもを迎えに行った。朝七時から夕方五時まで介護施設での仕事で、終わったら保育園に迎えにいき、休日は友人に子どもを預かってもらい、介護の専門学校で勉強した。離婚して自分なりに精一杯頑張ったつもりである。一年が過ぎて、休日に子どもを預かってもらえなくなり、介護専門学校をやめた。毎日、疲れて、しんどくて仕方なかった。子どもにはバナナやヨーグルトなどを食べさせていた。ある日、自宅で倒れこんで、動けなくなった。食事が満足につくれない、自分もお風呂に入れなくなった。子どものことが心配になり、児童相談所に電話したら、児童相談所から一時保護を提案された。「一時保護の書類」を渡され、「お母さんゆっくり休んでください」と言われた。助けられたと思った。

一週間ぐらいして元気になってきたので、「迎えに行きたいので、どこに行けばいいのですか」と連絡したら、「子どもは返せません」と言われた。息子と面会遮断になっていた。何が起こっているのかわからずパニックになった。息子は、児童相談所には一週間いたあと、児童養護施設に入所になった。息子が三歳のときだった。育児放棄というが、息子は虫歯もなく、体重もあるのに息子を返してもらえない。子どもが戻ってきてほしいのなら、児童相談所の指示に従うように促されたが、虐待をしていないので、一時保護解除を求めて異議を申し立てた。児童相談所が家庭裁判所に出した書類をみせてもらったら、引っ越し前に相談した児童相談所でのことも記載されており、それは事実と違うことが多かった。また、アルコール依存が主たる問題になっていたことがはじめて分かった。子どもが一時保護される前、児童相談所が家に来てくれたとき、台所のシンクにお酒の紙パックがあったのをぱっと見て、アルコール依存と判断したのだと思う。

日本でいちばん有名なアルコール治療の専門病院に行くようにという弁護士の助言で、その専門病院で「適応障害（アルコール依存症とはいえない）」という診断書を出してもらった。陳述書も自分で作成し、弁護士が添削してくれた。弁護士は費用がかかるので、最低限のことだけ依頼した。家庭裁判所にて、アルコール依存でもなく、普段はきちんとやっているということを証明し、「具合が悪いのにご飯ちゃんと作れますか、仕事できますか、たとえば熱で四〇度熱があって完璧にできるんですか」というような内容を陳述書に書き、裁判官に納得してもらい、一時保護が解除された。

しかし、すぐに子どもが家に帰ってきたわけではなかった。児童相談所からルールだから、八か月の家族再統合プログラムをこなすように言われた。この同意書には、診断書で否定されたはずの飲酒のことや「虐待カウンセリング」などの記載があった。弁護士から、不満はあるのだろうけれど、子どもが戻ってくるのだから、妥協できるところは歩み寄らなければならないと促され、同意書に署名した。児童相談所の指導、精神科医による虐待カウンセリング、母子面接、コミュニケーションスキルの心理教育プログラムへの参加、子どもの外泊などを含むプログラムを経て、保護が解除になって息子が家に戻ってきたのは、三歳になる直前であった。プログラムの最中、なぜこんなに時間がかかるのかを虐待カウンセリングの担当医に尋ねると、あなたはシングルマザーでどの親族とも同居してないから、不安要素が多いのではないか、夫がいたら児童相談所に子どもを迎えに行ったときに返してもらえたかもしれない、と言われた。シングルマザーがリスクになっているんだと思った。

適応障害がでるまで、自分は完璧にやろうという気持ちが強く、食品野菜は熊本県から取り寄せたり、肉や魚も少し高くても国産しか選ばない、無添加無着色で、といったように色々こだわっていた。今思うと自分が具合が悪いのだからバナナとヨーグルトで、出前を頼み、今日は疲れたからインスタントラーメンとかいう日もあってもよかった。当時は息を抜くところがわからず、仕事、専門学校、子育てで頑張りすぎてキャパオーバーになりパンクした状態になった。このまま症状が続いて子どもに不憫な思いをさせてしまったら、と心配になり児童相談所に相談した。児童相談所だから、相談に対して助言してくれたり、子育てを援助してくれるところだと思っていた。心労がたまり、「ちょっと弱音を吐いただけないのに」、まさか一年半も引き離されることになるとは思ってもみなかった。

児童相談所からは身に覚えのないことを言われ続けたので、信頼関係はなく、謝罪を求めたが叶わなかった。裁判が終わってからも問いただしたが、突然連絡が来なくなった。

そのあとで家庭支援相談センターを訪ねることがあった。一時保護の経緯を話すと、「こっちに先に相談してくれたら、おにぎりでも持っていってあげたのに」と言われた。

いまも毎食の食事を写真に撮っている。食事をさせている証拠になる。証拠がなければ親はとても弱いと思った。子どもは小学校一年生になったが、どこかに連れていかれると思うのか、いまでも電車には乗りたがらない。

3　日本の「児童虐待防止システム」の問題点

この三人の母親からの説明内容は、インタビュー時点での「母親から見た事実」である。児童相談所や病院をはじめとする関係機関においては、別バージョンの時系列にもとづく「事実」があるのだろう。しかし、三名の母親の説明は、現行の「児童保護システム」の問題点を考えるうえで十分に示唆的である。

まず、AさんとBさんの事例にあった、乳幼児の脳出血の取扱いに典型的に認められるような、可能性レベルでの虐待判定の問題である。児童虐待防止法で通告義務が課せられている病院は、「虐待の可能性」があれば通告することになる。児童相談所では、脳出血の診断が出ていると、加害者の有無、さらに加害者が親であるか否かにかかわらず、子どもの生命に危険が及んでいるとみなされる。AさんとBさんに関しては、子どもに脳出血があったので、親が安全保護を怠ったとして、一時保護しなければならないと判断したのだろう。

これらはすべて、「児童虐待を受けたと思われる児童」を通告できるとする児童虐待防止法と、「児童の安全を迅速に確保し適切な保護を図るため、又は児童の心身の状況、その置かれている環境その他の状況を把握するため、児童の一時保護を行」うことができるとする児童福祉法三三条に則ったものである。児童虐待防止法第八条は、「児童の安全の確認を行うための措置、市町村若しくは児童相談所への送致又は一時保護を行う者は、速やかにこれを行うものとする」と迅速な対応を強調している。すべてが順法行為なのである。揺さぶられっ子症候群に関しては、厚生労働省の『子ども虐待対応の手引き』や、『子ども虐待対応・医学診断ガイド』が、まっさきに揺さぶられっ子症候群を疑うように現場に指示を出している。

加えて、児童相談所や児童養護施設などの児童虐待に係る機関が、子どもを家庭に戻した結果、子どもが犠牲になったケースで、これまでマスメディアの強烈なバッシングを受けてきた。したがって、子どもの安全保持と組織の防衛のため、可能性レベルで一時保護の継続に傾くのであろうが、その後の養育者や子どもの生活を考えると、この「可能性レベル」での一時保護判定の影響は甚大である。

とくに問題なのは、児童など行政の側による「虐待の可能性」という曖昧な判断を根拠として一連の保護や措置が作動してしまい、児童福祉法による一時保護や施設措置の解除のために、虐待がないこと、虐待の可能性もないこと、そして子どもの健全な養育が家庭でできることを、養育者が証明しなければならない。そのための情報収集や医学鑑定の取得、さらには弁護士への依頼に割く費用と労力はかなりのものである。

そして、多大なコストを払ったとしても、行政の側による組織的な判定を覆すことは容易ではない。たとえば、Bさんの事例では、「揺さぶられっ子症候群ではない」という専門医の診断書をもってしても児童相談所の見解を変えることはできなかったし、再統合プログラムの冒頭で「ネグレクトをした」ことを認めさせられている。Cさんの事例でも、「アルコール依存症とはいえない」という診断書があるにもかかわらず、同意書には飲酒の件が書かれていた。弁護士からも、「妥協」を勧められている。本人たちにしてみれば、身に覚えのない虐待を認めるよう、公権力から圧力を受けたとしか思えないだろう。

ここで、現行の制度のもう一つの問題点が見えてくる。それは、「虐待の事実と真摯に向き合うこと」を前提とする家族再統合プログラムの設計である。子どもが家庭に戻る際には、このプログラムを経なければならない。そして、そのプログラムの冒頭で、自らの「虐待」を認めなければならない設計になっているのである。身に覚えがないことを無理に認めさせられた親たちが、言いようのない屈辱感や、行政に対する怒り・不信の念を抱くことは必然である。これは、かれらと行政との関係をさらに悪化させ、悪循環を生じさせることになる。

もちろん、刑事裁判でも冤罪は発生しうるから、ここで取り上げたような事例は「不幸な例外」だと思われるかもしれない。「虐待を受けている子どもたち」にとっては、一時保護や施設入所措置は助けとなるのではないか。病院も児童相談所も、基本的に良かれと思って動いていることは言うまでもない。しかし、一時保護や施設入所措置などの経験は、親だけでなく、子どもたち自身にとってもマイナスとなりうるのである。子どもの体調の異変には、通常、一時保護ならびに措置先の職員より、子どもの状態を長く見ていた親のほうが早く気付きやすい[1]。

また現状の「虐待リスクアセスメント」では、「虐待の世代間連鎖（トラウマの再演）仮説」にもとづいて、「虐待を受けた経験」、「施設入所経験」を虐待リスクとして数え上げている。

つまり、措置された子どもたちが将来、親になったときには、リスクポイントを付与されることになる。かれらが軽微な「子育て上の問題」を起こしただけでも、児童保護機関は「虐待ハイリスク群」として対応するだろう（Appell 1998）。「被虐待歴」がリスクとして次の世代に制度的に引き継がれるのである。

そしてもうひとつ、本章での事例から、現行の制度の問題点を指摘しておこう。それは、今回取り上げた三名の養育者の全員が、「児童相談所が、相談所という名前から連想されるような相談に対するアドバイスや具体的な支援を提供してくれるところではなかった」と認識していた点である。とくに、「児相に相談したところ、相談に乗ってくれるどころか、子どもを取り上げられた」というCさんの事例が象徴的であろう。つまり、現在の日本では、親の立場になって子育てについての相談に乗ってくれる公的機関が存在しないのではないか、という問題である。相談できる場所は児童相談所以外にもある、と思われるかもしれない。実際、Cさんは、家庭支援相談センターで「こっちに先に相談してくれたら、おにぎりでも持っていってあげたのに」と言われたとのことだった。しかし、実は同センターにも児童相談所への通告義務が課されているのである。

AさんとBさんは、自ら子どもを病院に連れて行ったが、今日の病院は児童相談所と緊密な連携関係にあり、とくに脳出血となれば、病院受診自体が、児童相談所による一時保護の可能性を高くする。

Bさんの場合は、子育てに際して、行政の支援をできるだけ受けようと考え、任意の健診も受け、保健センター等にも相談に行っており、「こんにちは赤ちゃん事業」で事前に送られてきた問診票もすべて正直に答えた。しかし、それが「虐待」という判定の一助になったかもしれないと後で言われたときのショックは計り知れないだろう。

つまるところ、日本では、子どもに関連するおよそすべての専門職に、「虐待の可能性」の通告義務が課せられている。親が、通告のリスクを気にせずに子育ての相談をできる場所は、もはや存在しないのである。

そもそも、リスクアセスメント偏重の「児童保護システム」には、親の話をまともに聞こうという発想がない、とさえ言えるかもしれない。Cさんは、「児相の職員は酒の紙パックをぱっと見て判断したと思う」と述べていた。アセスメントの担当者はリスク項目を熟知しており、家庭を訪問すると、親の話よりも何よりも、リスク項目に関連するものが目に入ってくるのである。これも「虐待する親は嘘をつく」というイメージが、児童虐待防止の現場に浸透していることゆえである。嘘をついているはずの者から相談を受けたときには、真摯に相談に乗るよりは、その背後に隠されている真実を突き止めようという態度で接するほかないだろう。付言すると、児童虐待防止の今日的実践では、子どもが「権利の所有者」と位置づけられていることから、子ども個人への焦点づけが強固であり、重要な決定が専門家の会議でなされるときに、親は完全に蚊帳の外に置かれることとなる（Stanley 2018）。

もちろんこれは、現場の人たちの不誠実に起因する問題ではない。専門機関に対して、サービスの提供と児童虐待のリスクアセスメントという矛盾する機能が付託されていることから生じる制度上の問題である。厚生労働省は「相談してくれてありがとう」というパンフレットで親に啓発活動を行ってきた。市町村も、子育て相談の窓口を拡張してきた。しかし実際に相談したり、弱音を吐いたりすると、「見守り対象」や「虐待ハイリスク」としてピックアップされてしまうのである。福祉や保健機関の専門家が情報収集を目的として利用者に友好的に接し、相手の了解を得ず、事細かに調査し、他機関と情報交換しながら虐待のアセスメントを実施する。現行の『子ども虐待対応の手引き』（厚生労働省 2013）では、児童相談所の「信頼関係」や「ソーシャルワーク関係」について記載されているが、相手に明かせない「隠された目的」をもち、同時に相手から「信頼」をえようする試みは、たとえ成功したかにみえても、専門家自身に自己欺瞞を強いて、「信頼関係」という言葉を裏切ってしまっている（Margolin 1997=2003）。

まとめると、虐待予防に焦点化した「子育て支援」の体制整備は、子育てをするために非常に高度なスキルを要求するものとなっている。まず、養育者には、離婚などせず、近隣や保育所・幼稚園、小学校、医療機関とトラブルを起こさず、うまくやっていくソーシャルスキルが必要である。室内での転倒事故で、子どもが脳出血を起こした時の対応には細心の注意を払わなくてはならない。いったん通告されると、児童相談所が子どもの安全確認のため四八時間以内に目視での調査に入るからである。

児童相談所が調査に入った場合には、養育者は児童相談所の方針やアドバイスと対立しないように振舞わなければならない。「明確に拒否を示す家庭の中には、虐待のリスクの高い家庭が含まれる可能性が高い」という見方が浸透しているからである。まかり間違って、養育者が児童相談所の訪問や指導を拒否したりすれば、それが新しい虐待リスクとなり、さらなる介入が行われる。

こうした細心の注意にもかかわらず、不幸にして、身に覚えのない虐待の疑いから児童相談所の監督下に置かれてしまった際には、今後、どうすべきかを的確に判断するための情報収集ができ、高名な専門医から鑑定をとり、弁護士費用の捻出ができ、時間を割くことができなければならない。子どもを取り戻すためには、再統合プログラムで、身に覚えのない虐待を認め、児童相談所が勧める「親のスキルプログラム」に積極的に参加する「能動的態度」も必要になってくるだろう。こうした「スキル」を持たない養育者は、虐待の疑いを否定しようとする努力が逆にリスクポイントを高めてしまうのである。

4 国際比較研究からの示唆

日本における「児童保護システム」の問題点を事例から検討してきた。フレイモンドたちが編んだ児童虐待対策の国際比較研究（Freymond and Cameron eds. 2006）の眼目は、米国を中心に広く採用されている「児童保護システム」が、児童虐待防止対策として不可避なものでも普遍的なものでもないということであった。かれらの研究を参照して、日本の児童虐待防止対策は、「家族サービスシステム」と「コミュニティ・ケアリングシステム」から何を学ぶことができるかについて考察することで結論としたい。

まず、「家族サービスシステム」から学ぶべきは、養育者が援助を求めるという行為自体を病理化したり問題視したりしないということ、そして何より、ケアの脱家族化を軸とした社会保障を整備することであろう。現行のシステムでは、養育者が相談に行くこと自体がリスク要因とみなされ、相談に真摯に対応するよりは「子どもの保護」のための仕組みが作動させられがちとなる。これでは、身に覚えのない虐待を理由として子どもを公権力に「拉致」されたと思う親が頻出する恐れがある。

「児童保護システム」の前提となっているのは、「子どものケアの責任主体は親」という発想である。それゆえ、介入の対象となるのも、子育てに不都合な社会制度や社会福祉の不足などではなく、親個人ということになる。そうした発想そのものが、親を追い詰め、子育ての高度のスキルを要求するものにしている。事例にみるように、児童相談所や乳児院での一時保護そのものは、親のレスパイト（息抜き）ケアになったり、親が自分の子育てを相対化できたりと、悪くはなかったのである。問題は、親に虐待の強いスティグマが貼られ、そのように制度的に処遇され続けたことである。

高齢者の介護については、一九五一年の社会福祉事業法制定以来の大改革であった二〇〇〇年の社会福祉基礎構造改革で介護保険制度が施行されている。つまり、介護の脱家族化が（ある程度）実現されている。しかし、子育てについては、家族が一貫してあてにされてきた。つまり、家族主義の「最大の福祉義務を家族に割り当てる」（Esping-Andersen

1999=2000: 78）やり方が、子育てにおいて今なお顕著である（藤間 2017）。

たしかに、二〇一五年から子育て家庭を対象に、幼児教育、保育、地域の子ども・子育て支援の質・量の拡充を図ることを目的に「子ども子育て新支援制度」が施行された[2]。ただし、この制度は、基本的には働く女性や親族の介護をする場合の子育てを支援するものである。「介護保険制度の保育版」と形容されることもあるが、介護保険制度では介護認定が利用者の状態での判定であるのに対し、保育認定は、大筋としては、「保育を必要とする事由」がポイント化され、保護者の状況による認定に留まった点が大きく異なる。

また、「保育を必要とする事由」に「虐待やＤＶの恐れがあること」も明記されているが、これは児童虐待問題への対応の文脈でみると、虐待判定ゆえに認可保育所の入所が優先されるという現行の日本の児童保護システムを引き継いでいる。養育者側の事情や、子どもへの虐待の有無にかかわらず、すべての養育者が利用できるよう、保育士の労働条件の向上、生活給の保障がなされたうえで、普遍主義にもとづいた低価格で良質な保育の選択肢を増やすことが推し進められるべきである。

保育に欠く、経済的に困窮している、劣悪な住宅に住んでいる、等々、現在では児童虐待のリスクとして養育者に帰属させられているもののなかには社会政策で改善できるものが多い。個々の養育者に「標準的な子育て家族」を押し付けるのではなく、かれらが直面する困難のひとつひとつを社会政策で対応していくことが、子どもの養育環境を確実に改善する方策であろう。

保育所の選択肢が広がり、それが良質で安価であれば、子育ての負担は軽減される。単親家庭の場合、親が夜間に就労する場合でも、保育所に預けさえすれば「ネグレクト」には該当しない。非常にシンプルな解決の図式である。

現行システムの最大の問題点は、様々なサービスが児童虐待の判定や通告と連結されている点である。この点を改め、「家族サービス」という理念を中心に立てて改善を図れば、『健やか親子21』で行われている「こんにちは赤ちゃん事業」も、各種の健診の母子サービスも、子どもの成長を助けるための重要なサービス提供になりうる。「『健やか親子21（第二次プラン）』」の「子育てに寄り添う支援」や「子育て世代の親を孤立させない」地域づくりもまた、現行の児童虐待防止の「児童保護システム」の枠外で、普遍主義的な「家族サービス」として実施されれば、日本は他国に例を見ないような包括的で、利用者に喜ばれる、家族サービスの実施国になるのではないだろうか。

次に、「コミュニティ・ケアリングシステム」から学ぶべき点であるが、実は社会福祉の実践（ソーシャルワーク）の歴史上、重要なのは、そもそもこのシステムが類型として提示されているというそのことなのである。カナダとニュージーランドの先住民コミュニティへの関わりにおいては、ソーシャルワーカーが自分たちのあるべき家族や子育ての価値観にもとづき、先住民コミュニティから子どもを簡単に引き離してきた、という痛烈な自己批判がなされてきたからである。宗教や伝統が女性や子どもへの抑圧や搾取につながる文脈は枚挙に暇がない。しかしそのような特定の経緯のなかで、このシステムは、子育ての多様性に配慮した、コミュニティの当事者本位のサービス提供の類型として着目され、提示されることになった（Freymond and Cameron eds. 2006）。

日本のリスクアセスメントによる虐待予防と判定も、単親家庭がリスクであるとされている点、あるべき母親像が強く押し出されている点において、特定のジェンダー規範にもとづくものであることはすでに第3章で言及した。しかし、これは児童虐待防止対策が作り上げた理想の親像にすぎない。

米国の事例を検討したアネット・アペル（Appell 1998）によると、児童福祉機関は個々の母親や子どもたちの視点からではなく、非常に狭いレンズで母親たちの生活をみている。裁判所と福祉機関の指導は、常に、母親を別の女性——指導に従い、より一貫して安定し、ドラッグ類を全く使用しないが、もはや情熱的ではなく生彩を欠くような別の誰か――に変身してもらおうとする。しかし、母親に薬物使用があるような場合でも、薬物が子どもたちに危害を及ぼしていることを示す一般的な証拠は乏しい。他方、「理想像」から見れば不十分ではあっても、薬物を使用する親が子どもを愛しケアをしているという実例もある。福祉機関の指導は、かれらの作り上げた「理想像」にもとづくものである。

また、米国で児童虐待を疑われた家庭の調査に際して、ソーシャルワーカーに同行したジェニファー・リーチ（Reich 2004）も、母親の子どもへの接し方を観察するなかで、人間の行動パターンはそもそも複雑で、一貫せずに矛盾しているものであることへ強く注意を促している。

こうして、米国の社会福祉研究においては、現行の「理想像の押し付け」というやり方に代えて、子育ての多様性をぬりつぶさない当事者本位のサービスの必要性が指摘されることになる。

もちろん、近年は日本でも、「多様性を認めること」がキャッチフレーズのように使用されている。母子保健分野での『健やか親子21（第二次プラン）』では、「疾病や障害、経済状態等の個人や家庭環境の違い、多様性を認識した母子保健サービスを展開すること」を目指すと記されている[3]。これだけ読むと、「多様性を認めること」は、行政においても導入されているかのようにみえる。しかし、行政の発想としては、どうやら多様性を「認識する」ことと多様性を「認める（承認する）」ことは別物のようである。同事業では、妊娠期からの児童虐待防止対策が重要課題のひとつになっており、関係機関との連携強化が強調されている。そして母子保健分野の母子手帳交付時から三歳児健診にいたる様々な段階でのリスクアセスメントにおいては、子どもの障害や単親家庭、経済困窮状況、外国人が相変わらず「虐待リスク」に数えられているのである。結局のところ、多様性を認識したうえで、不都合な多様性は注視することが重要だと考えられているようだ。このような現状に対して、子育ての基準について多様性に配慮した「コミュニティ・ケアリングシステム」から学ぶべきことは大きい。

こうした示唆を、現行の「児童保護システム」の改善にどのように生かしていくことができるだろうか。児童虐待のイシューを過度に焦点化しない、地域での子育ての参考になる取り組みとして、筆者がインタビューを実施した、ある認可保育園の事例を紹介しよう。その保育園は、さる地方都市の市街地に位置しており、延長夜間保育（深夜二時まで）や休日保育、一時預かりを併設している。園児の定員は二〇〇名を超える。筆者は、経営者である理事長と園長から話を伺った。以下にその概要を記す。

この保育園には、外国人のお母さんもいて、子育ての慣習も違うが、国によって様々なのだろう、という感じで見守っている。この保育園は、虐待防止ネットワークに入っているので、県の児童相談所や市の子ども女性相談室から「虐待ケース」として紹介されてきた子どもも在園している。子どもの体に痣がある場合などには、子どもが寝ている間に写真を撮っておくが、すぐに児童相談所に通告するのではなく、まず親にどうしたのかを尋ねることにしている。そのこと自体が虐待のストッパーになると考え、子どもの言動や体の痣の有無に気をつけながら観察している。二〜三年前に一度、自分たちでは対応が難しいことがあり、職員の間で何度も話し合ってから通告したことがあるが、地域で子育てしている親をサポートするというのがこの保育園の趣旨なので、よほどのことがない限り通告はしない。

とくにひとり親で子どもが数人いる場合など、日々の暮らしに追われているので、年長の子どもには、自立させる方向で支援する。たとえば、フリースの服を初夏に着ている子どもには、「この生地って暑いよね」と伝え、薄い生地がどのようなものかを手で触らせて、家にある薄い生地の服を探して持ってきてもらう。母親に、取り入れた洗濯物がある場所を子どもに教えるように依頼しておくこともある。「何でもお母さんに頼ったらだめ、自分のことは自分できるように」という方向にもっていく。子どもが自立できるように知恵をつけることで、母親の子育て負担を軽減するようにしている。

夜間保育の延長は多くて二〇名まで。繁華街に隣接していることから、夜の接客業関係者、店舗経営者などが利用しており、母子家庭が有意に多い。休日保育は、高齢の保育経験者を専任して雇い、昼間の保育者の負担を軽減する工夫をしているが、保育士が足りていない。

この保育園を紹介してくれた地元商店街の理事長は、「夜に働いているお母さんも多く、夜間の保育がなければ、子育てに困難が生じる親がでてくる。無認可の託児所は、実際、預けてみなければ内容がわからない。この認可保育園があるので、この地域の親が子どもと一緒に安心して暮らしていける」、と述べている。

こうした現場での手間のかかる取り組みを手本にすることは困難だという現実もあるだろう。しかし、子育ての多様性を認めると同時に、現場の取り組みの多様性も認めることが、よりよい取り組みの創造に大きな力を与えることになる。もちろんそれに加えて、現場の創造的な取り組みを援助するための手厚い人的・財政的支援が必要であることは言うまでもない。

まとめておこう。「家族サービスシステム」の理念にもとづく普遍的で手厚い支援と、「コミュニティ・ケアリングシステム」に組み込まれている子育て家族の多様性を虐待リスクとして塗りつぶさない姿勢。日本の児童虐待防止政策が検討すべきは、この二つである。

【注】

1 SBS／AHT家族の会、菅家英昭氏からの情報提供（二〇二一年六月）

2 内閣府『子ども・子育て支援新制度』(http://www8.cao.go.jp/shoushi/shinseido/sukusuku.html)

3 『「健やか親子21（第二次）」について 検討会報告書（概要）』(http://sukoyaka21.jp/pdf/gaiyo2014.11.11.pdf)

第6章

一時保護を経験した子どもの語り

本章では、児童相談所の一時保護を二度にわたって経験した子どもの語りを紹介する。私がこの家族と出会ったのは二〇一八年の夏である。私の論文を読んだと思われる当時高校一年生のAさんから、児童相談所の二度にわたる一時保護の処遇内容に納得できず、自分の経験と要望を訴えるために、報告書を作成したのでみてもらいたいとの連絡があった。『児童相談所福祉司の判断で一時保護決定された児童による報告――感想と要望、児童保護システムの考察』と題する報告書は、一時保護に至る経緯と保護中の処遇内容が国連「子どもの権利条約」にどのように違反しているかについて詳述され、ほかにも同じような経験をしている子どもたちがいるだろうことを考えると、このような一時保護の処遇は、「社会の価値観が整ったときに、人権侵害・名誉棄損・国家的賠償請求と謝罪を求める集団訴訟になる可能性がある経験」だと記されていた。

以下第1節は、Aさんが小児頭部損傷研究会（二〇二一年六月二六日、笹倉香奈代表）で発表した内容をもとに上記の報告書からの抜粋を加えて記した文書であり、本書への掲載許可を得ている。

1　一時保護の経験――Aさんの語り

私は現在一八歳で、児童養護施設で生活しています。私の経験した東京都児童相談所による二度の一時保護について当事者として報告します。

一般的に、公的機関である児童相談所の判断で取られる一時保護は危機に瀕している子どもの生命や権利を守るために採られるものと認識されていますが、実際に一時保護を経験してみると必ずしもそう思えないことが数多くありました。

この報告は子どもの立場から一時保護中の経験を話すなかで、虐待の疑いを持たれた家庭が与えられる影響や、曖昧な根拠による判断で一時保護に踏み切ることの問題点を明確にすることが目的です。

まず、一時保護されるまでの私や家族の状況について簡単に話します。私の家族は母と私と六歳年下の弟からなる母子家庭でした。経済的な余裕はなく、当時は三人で都営住宅に住んでいました。

私は小学校三年生の時にアスペルガー症候群の診断を受け、学校や区に診断書を提出し、対応を求めましたが成績や外見から必要ないと判断され、とくに支援は受けられませんでした。弟は注意欠陥多動性障害で、就学前から療育センターに通っていました。

一時保護に至るまでの経緯を一度目と二度目に分けて記します。

一度目の一時保護は私が中学二年生の二〇一六年八月から一二月にかけて行われました。

当時の私は不登校で、中学校ではなく港区の運営する適応指導教室に通っていました。適応指導教室から、子ども家庭支援センターとの面談をするよう指導されていたため、家族で定期的に面談を受けていました。

保護された日は、初めから母と別室で面談をされ、そこで担当者から家庭に問題があるので一時保護が必要だと言われました。私の家庭に虐待はなく、虐待を示唆する発言をしたこともなかったので驚きましたが、担当者は母から離れて児童相談所を仲介することで関係性が改善されると説明し、帰宅を希望すればすぐに帰宅できる、子どものことを一番に考えた制度なので不安を感じる必要はない、などと言って私の意思を確認することなく一時保護を決めていました。

一時保護を実際に経験してから考えると、担当者の説明が正しいとは思えず、ほとんど作り話のように感じます。私は自分の持つ権利について正しい説明を受けられず、私の意思に反して帰宅の希望を拒否できることも児童相談所から受諾させられました。また、この一時保護に関して母も同意を確認されていません。

二度目の一時保護は中学三年生から高校一年生になるまでの二〇一八年三月から五月にかけて行われました。

私の自我が発達し、母とは異なる価値観を持つようになったために意見がぶつかることが増え、状況を改善したいと考えていましたが、二〇一六年の一時保護の経験から他人に相談することができず、自分なりに考えて高校受験が終わってから三週間程度祖母の家で生活していました。その後高校の入学手続きのために中学校へ登校したところ、教員と一緒にいた児童福祉司から祖母の家で過ごした期間を家出だと言われ、児童養護施設への入所を指導されました。

二度目も親権者である母への確認がないままの一時保護でした。また、一度目と違って私は明確に拒否したにもかかわらず一時保護を強行されました。

次は、児童福祉司の対応について記します。

一時保護中は福祉司と面会する機会が何度かありましたが、そこで私が自分の意見を述べることは実質的に禁止されていて、常に福祉司の考えるストーリーに沿った話をすることが求められました。形式としては福祉司の質問に私が答え、私の返答が福祉司の求めるものと違うと「嘘をついている」と言われたり、不機嫌な態度を取られました。

また、虐待を否定するたびに「おうちに問題がなければ一時保護をされていない」「一時保護から逃れるためにお母さんを庇って嘘をついている」と何度も繰り返し言われ続けました。

これらの発言に私は深く傷つけられましたが、それ以上に不快で悲しかったのは福祉司から執拗に母に恋人や経済的な支援をしている存在がいるのではないかと聞かれたことです。私はそのような事実はないと認識していましたが、あまりにもしつこく聞かれたことで私の知らない間にそのようなことがあったのではないかと不安になり、またそのように母を疑った自分に対してやましさを感じたりしました。

これに加えて福祉司は「母から話さないよう言われている」と前置きして家庭が生活保護を受給していることを私に話しました。福祉司がそれを話したときに何度も「あなたには知る権利がある」と言っていましたが、基本的な権利を侵害し、私の意思を尊重しない児童相談所に知る権利があると言われても、私を尊重して起こした行動だとは信じられませんでした。そして、私の家庭が生活保護を受けていることを知らなかったことに対して、お母さんは働いていないのにどう生活していると思っていたのか、やはり経済的な支援をする第三者がいるのではないか、生活保護を受給しているのに第三者の支援を受けるのはルール違反だ、などと言われました。

私は相手が家族であってもお金のことを詮索するのは卑しく、かつ子どもが考えたところで意味がないと思っていたのでそのように責められたのは心外でした。そういった考えを持っていたこともあり、母の男性関係や家庭の経済状況についてしつこく質問されたことが非常に不快でした。

母からの手紙を受け取ったときにはその場で一緒に読むことを求められ、手紙を読んでいるところを福祉司に覗き込まれて文章の一つ一つを指してこれはどういう意味？と質問されたりしました。私はその内容に関わらず私信を他人に検閲されることに強い抵抗感を持っていたためその確認はとても気分の悪いものでしたが、第三者のいない密室で大人に抵抗することはできず、「わかりません」と答え続けることしかできませんでした。プライベートなものである手紙を他人に検閲されたことで私は自分の尊厳が傷付けられるように感じました。

返事を書き、福祉司に渡して欲しいと頼んだときにもその場で内容を確認すると言われたのですが、どうしても耐えられず結局退所まで母を含めて誰にも手紙を送ることを諦めました。

他にも、ストレスで食事や睡眠が十分に取ることができない日が続き、精神科の受診を希望しても何段階もの稟議と同伴職員の手配に時間がかかり一ヶ月以上待たされた挙句、受診中に同伴職員が急かすために診察室に入ってきてそれ以降何も話せなくなってしまったので待機の末に実現した機会が無駄になりとても困りました。相談できる第三者のいない環境で自分よりも強い立場の大人に尊重されず何度話しても対応が変わらなかったのは辛い経験でした。

一時保護中は保護所で貸し出される服を着て生活する規則があり、私は確実に誰かの使ったものとわかるような状態の下着を渡されて、それらを使うように求められました。

入所の際に職員と同じ部屋で着替えることを求められ、私は他人の前で下着を変えたりしたくなかったので席を外して欲しいと伝えましたが女性に対して恥ずかしがることはないと言われて出て行ってもらえませんでした。他にも、問題集や参考書を含めて私物は全て没収されました。子ども同士が連絡先を交換するのを防ぐことを理由に一日に一時間程度の学習時間以外は紙やペンを使うことが禁止されていたので通学できない間の自習もままなりませんでした。

子ども同士のコミュニケーションが禁止されているのですが、会話だけではなくアイコンタクトも禁止されていました。他にも異性が前を通るときは顔を伏せるというルールがあり、男の子が勉強している部屋を通った時に職員が全員の頭を机に伏せさせた光景が異様だったことを覚えています。これらの規則に従っているかどうかは職員の主観で判断され、違反していると判断された場合はグラウンドを走らされる、うさぎとびをさせられるなどの体罰を受けました。

他にもトイレに行く時は毎回職員の許可を取らなければならず、どんなに体調が悪くても嘔吐するまでは出された食事を残すことが許されませんでした。

一時保護所では第三者との接触が許されず、社会から隔絶されているような感覚が常にありました。

また、子どもの権利や生活のしやすさよりも運営の効率が重視されているように見えました。

児童相談所の介入と、その影響についてですが、母と福祉司の面談の際に、母が養父から虐待を受けていたと話すと、それを根拠に虐待の連鎖を疑われるようになったと聞きました。被虐待児は家庭を持つなと言うのと変わりなく、明確な根拠のない差別的な通説にもかかわらず児童相談所はそれを根拠に動いていたようでした。それ以降、母は自身が虐待を受けていた事実を他人に相談できなくなったと言っていました。

一時保護中には通学ができず、学習時間の確保も不十分なため大幅に学習の遅れが発生しますが児童相談所からそれに対するサポートはなかったです。

他にも、家庭は信頼できないとの前提から、話を信じてもらえず嘘つき呼ばわりされ続けたことで自分に対する自信を失いました。

私自身、自分が実際に一時保護を経験するまでは児童相談所を自分とは関係のない機関だと考えていました。その誤解は私の人生に大きな影響を与え、処理しきれない大きなストレスを伴う経験をする原因になりました。一時保護中の経験は当時の私にとって思い出すことさえつらく、帰宅してからしばらくの間は一時保護中の出来事について家族に話すことも自分の中で思い出すことも避けていました。

社会には児童相談所の介入を受ける家庭はどこか異質な理解し難いものであり、介入されるに相応しい問題が存在するという前提（偏見）があるように感じます。この偏見は不当な扱いを受けた当事者に経験を話すことを躊躇させます。

心を開き気持ちを通わせることができるはずの友人にも話せません。もちろん真摯に説明することで理解してくれるかもしれず、児童相談所に介入された経験は私の落ち度ではないのだからそれを理由に私が不利益を被るいわれはないのですが、万が一私の心配が現実になってしまったときのことを想像すると、私は他人に自分の経験を話すことができません。

児童相談所や一時保護所で子どもや家庭が受ける扱いの中には看過されるべきでは

ない部分が数多く存在すると考えます。私のような経験をしている人は他にもいるはずですが、当事者による一時保護をめぐる改善運動が起きにくいのも、「児相に介入される家庭」への偏見ゆえに、私のような不安を抱え、黙ってしまうのではないでしょうか。それが、結果として体制の改善を阻んでいるように思います。

私は母親の愛情を感じて生活していました。価値観の違いから衝突することや、時には自分の希望と母のそれに乖離があることを煩わしく感じたこともありました。異なる個体が共同体を形成して生活する家庭におけるそのような衝突は虐待の一言で片付けられてしまうべきものなのでしょうか。それは本当に公的機関の虐待ケースの介入や、家庭からの分離なしに解決することのできない問題なのでしょうか。

通告する人が、その前に自分の行動が通告された家庭に与える影響について正しい情報を得ようとしたり、介入を受けた家庭のその後について想像することはあるのでしょうか。そして家庭に問題があるのではないかと疑ったときに、その親子に寄り添って何かしらのサポートをしようと考えることなく児童相談所に虐待通告するのは何故なのでしょうか。まず保護者が子どもを虐待しているのではないかと疑う通告者がその家庭に対して親身になっているとは考え難いです。

子育て家庭に対する現代社会の視線はあまりに冷たく厳しいです。不登校の子どもを見ればそれに至る経緯も聞かずに保護者のネグレクトを疑い、子どもの泣き声を聞けば身体的虐待を疑い、虐待報道の一面だけを見てかれらが抱えていた不安も想像しません。そのような社会のあり方は、果たして子どもにとっても最良のものと言えるのでしょうか。

私はこれらの問題の根本にあるのは自分以外の人間に対する想像力や異なる価値観を尊重する理性の欠如ではないかと考えます。子育て家庭に限らず、自分と異なる状況にある相手を理解しようとする気持ちを持ち続けることが状況の改善につながるのではないでしょうか。

2 児童虐待防止システムの「正常な」作動

Aさんの語りには、看過できない問題が示されている。ひとつは子どもを守るために行われた一時保護における処遇内容である。一時保護所の問題についてはすでに二〇一〇年に、日本弁護士連合会が東京都知事に対して子どもの権利条約、児童福祉法及び児童相談所運営指針に即して勧告している（日本弁護士会 2010）。また、厚生労働省の調査（「一時保護された子どもの権利保障の実態等に関する調査研究」）でも、数々の問題点が指摘されている（三菱ＵＦＪリサーチ＆コンサルティング 2018）。そして本事例でも、子どもの権利条約との関連では意見表明権（12条）、表現・情報の自由（13条）、プライバシー・通信・名誉の保護（16条）などへの違反が認められることは明瞭で、すでにAさんが報告書に記している。

さらに、この事例には別の次元の根源的な問題が示されている。Aさん家族に降りかかったことは、通告した子ども家庭支援センターや一時保護をした児童相談所の対応が何らかの方向に「逸脱」した結果であろうか。そうではないだろう。Aさんが認識しているように、むしろ、現行の児童虐待防止システムが「正常」に作動した結果である。以下、この点について検討していく。

現行の児童虐待防止対策の特徴とは何か、第2章、第3章で触れた点であるが、本事例と関係するところで五点に絞って改めて簡潔に振り返ってみたい。

第一の特徴は、「虐待の芽」「虐待の恐れ」への対応が関係機関の責務となっている点である。すでに第2章でみてきたように地域の各機関で虐待の芽を摘むことが虐待防止対策の要として位置づけられてきた。法律も「虐待の恐れ」の時点での通告を定めている。二〇〇四年の児童虐待防止法の改正は、「虐待を受けた児童」から「虐待を受けたと思われる児童」に通告対象を広げている。児童相談所虐待対応ダイヤル「一八九」では、「虐待かもと思ったとき」「子どもや保護者の様子に『何か変だ』と思ったら、（いちはやく）に電話してください」と明記されている（厚生労働省ホームページ）。Aさんの事例にある子ども家庭センターからの通告も可能性として想定されているのである。しかし、事例で記されているように、通告することの「安心感」は、ある種の「排他性」と裏腹になっている。

第二の特徴は親の説明を疑うことが制度化されていることであろう。今日の児童虐待問題に明確につながる系譜は米国の小児科学のケンペのチームが著した「バタード・チャイルド・シンドローム（打撲児症候群）」である。一九六二年に発表された権威のある医学誌に論説つきで掲載された本論文は「臨床の所見と親から得た病歴データとの間には著しい不一致があって、それがバタード・チャイルド・シンドロームの主要な診断上の特徴」と記している(Kempe et al. 1962)。「親は嘘をつく」ことが「科学的な事実」として正当性を付与されたのである。半世紀を経ても医学の診断場面ではケンペの呪縛に縛られることになる。病院だけのではない。日本の児童虐待発見の現場は、親の相談を聞くときに「つじつまのあわないこと」を見逃さない旨がマニュアルに記載され、親の虚偽の発見に傾斜している。

さらに親の虚偽の疑いは、生活保護受給家庭においてより強く注がれることになる。生活保護法には「補足性の原理」（第4条）が規定されており、「保護は、生活に困窮する者が、その利用し得る資産、能力その他あらゆるものを、その最低限度の生活の維持のために活用することを要件として行われる」からである。そして「民法（明治二十九年法律第八十九号）に定める扶養義務者の扶養及び他の法律に定める扶助は、すべてこの法律による保護に優先して行われる」のである。

つまり本事例の親と娘への専門家の猜疑心は、担当の児童福祉司の資質なのではなく、児童虐待防止のシステムに埋め込まれ、さらに生活保護法の「補足性の原理」で福祉関係者の間で制度的に保持されている。

第三の特徴は、児童虐待防止システムに「虐待の世代間連鎖」仮説が埋め込まれている点である。この仮説は、虐待者は被虐待歴があり、それを自分の子どもとの関係で再演している、そしてそれがトラウマになり、その子どもが将来親になったときに、また虐待を繰り繰り返す、と説く。こういった仮説ゆえに、本事例のように親が被虐待歴を尋ねられ、現在の親子関係に疑念が及ぶのである。

第四には、親子の公的な相談・支援サービスの利用が促進されている点である。厚生労働省も行政も「子育ての不安を相談してください」、「〇〇サービスを利用してください」、「相談してくれてありがとう」と啓発してきた。他方で、「虐待の疑い」が関係者の間に立ち上がったときには、相談・利用していた記録が集められ、これもまた育児不安や虐待の裏付けに用いられる。本事例においては、親子が子ども家庭支援センターを利用していたことから、親に育児の不安があるという判断になるのである。

最後に現行の児童虐待防止システムは「客観的な判定」と説明責任が組み込まれていることを強調しておきたい。担当者の直観や主観ではなく、一定の手続きやツールにもとづいて実施されることになっている。それが具体化されるのはリスクアセスメントで、子どもにかかわる様々な分野で独自の虐待リスクアセスメントが作成されている。アセスメント表でよくみかける項目を抜き出すと以下のようになる。

未熟児、NICU入院歴、子どもの先天性の疾患、発達が遅れている、障害児、極端におとなしいまたは多動、「何か変？」と感じる子どもらしくない態度、年齢に応じたしつけがなされていない、虫歯の状態、不登校……。

多子、親の不妊治療、流産・死産、経済的困難、単親家庭・再婚家庭・内縁関係、家庭内不和、心理的な問題・鬱などの精神的な問題、被虐待経験、家族・近隣・親戚等の人間関係が悪い、社会からの孤立、親の反抗的な態度、攻撃的な発言、育児不安、転居を繰り返す、外国人、援助拒否……。

そして本事例では、虐待のリスクとして、障害児、子どもらしくない態度、経済困難、単親家庭、母親の鬱・被虐待歴がハイライトされたのではないかと推測する。

3 インターセクショナルな差別

これらの虐待リスクであるが、未来の予測であることから、特定の家族像が紛れ込みやすい。そして「子どもを守る」という姿勢ゆえに、上記の項目が児童虐待との関連でチェックされることに対して違和感が抱かれにくい。それどころが、不登校児が親の暴行で死亡すれば、文部科学省が不登校の一斉調査を実施するといったように、各領域の専門家たちは虐待との関連因子をさらに探し当てる方向に、いまも向かっている。

しかし、これらの多くの項目は、今日的な人権感覚からは甚だしく差別的である。一例をあげると、「被虐待歴」は一時保護経験や施設入所歴などで判断されるのであろうが、それでなくても構造的に不利な状況に置かれている社会的養護の子どもたちに、親となったとき加害者と判定される可能性を格段に高め、重い荷物を背負わせるようなものである。

これらの差別的作用を、多層的な差別や排除を分析する道具として近年使用されているインターセクショナリティという用語からみていく。インターセクショナリティは、階層、ジェンダー、年齢、能力、障害、人種や民族、国家といったカテゴリーが相互に強く連関しているという見方に立ち、交差的な権力関係が複数の社会セクターと日常の人々の経験に及ぼす影響を検討するのに用いられている（Collins and Bildge 2020）。私たち個々人は複数のカテゴリーの集合体である。本事例では、子ども（年齢）、女性（ジェンダー）、発達障害、生活保護（階層）というカテゴリーが相互排他的ではなく、複雑に絡み合いながら、児童虐待で集められ、これらのカテゴリーを串刺しにし、Aさんに抑圧的に作用している。Aさんを苦しめたのは経済的な困窮そのものより、専門家の生活保護受給の母子世帯への偏見、そして「児童相談所から介入を受けるような家庭」とその子どもに向けられた社会の偏見のほうである。「児童相談所の介入を受ける家庭はどこか異質な理解し難いものであり、介入されるに相応しい問題が存在する」。子どもも親をかばって嘘をつく。母親は男性と付き合い支援をうけている。Aさんは人生において出会った重要な他者にさえ自分が一時保護を受けた事実を話せないでいる。この経験は他者には解るはずはない、と本人に強く思わせるものが一時保護の制度に埋め込まれているのである。

また、Aさんは思春期の自分が保護先で服を全部脱ぐように命じられるとは想像だにしなかったが、それと同じく、あるいはそれ以上に引っかかったのは、親の虐待が疑われたことで「あなたは将来、子どもを産まないほうがよいといわれている」気がすることである。福祉を受給する母親——たとえば米国ではその多くは貧しいだけでなく、「カラード」であったり、未成年でもあったりする——に対して福祉制度がどのように女性の性的活動を規制してきたかの研究は、フェミニズムの福祉政策学の一潮流としてある。その延長上にアナ・マリー・スミスは子どもを持たせないことで、健康上の問題が少なく社会にとって有用である人間へと改良をめざそうとする優生学を認めている（Smith 2010）。虐待の世代間連鎖説もまた、「虐待児」が将来に子どもを産む自由をソフトに否定する。

このようにみていくと、Aさんの事例は、子どもの権利条約違反といったことだけではないことは明らかである。仮に一時保護所の処遇が改善されたとしても、児童虐待の認定に関して執拗な排除が残存し、それが子ども期から大人期に移行してからも続くのである。

4 「例外状態」としての児童虐待

(1) 「例外状態」

一時保護での保護中の子どもへの数々の人権侵害は、前述したように厚生労働省が認識している。しかし指摘しておくべきは、その問題点の認識にもかかわらず、緊急的な処遇として追認されている点である。保護者のみならず子どもの意向や意見を聞く手続きが保障されていない。リスクアセスメント表の使用に至っては、社会的に周辺化された人たちへの差別だとは決して受け止められず、それがむしろ不可欠なものとされ、虐待発見・認定の正式な制度となっている。そして、通告を奨励し、児童相談所に寄せられた情報を警察とシェアする全件共有の方向にすでに政策の舵が切られている。しかし、Aさんの記述にあるように、通告する側は、通告されたあとの家族がどうなるのかについて思いを馳せることはない。どのように自分たちの情報が共有されるかについては親子は知る由もない。そしてリスクアセスメントに従って虐待を判定する機関も、その行為を通じて自分たちの子どもの安全への強い不安を処理しようとする（Stanley 2018）。

ここには幾多の虐待死事件の報道が介在している。メディアは子どもを殺める親を鬼畜とする視角を定着させる。そこに関与する虐待ゼロをスローガンにする政治家や研究者、そして児童相談所の「ミス」を指弾しつづける市民。このような構図においては、児童相談所は子どもを絶対に死なせるわけにはいかないのである。誤解を恐れずに言えば、それは民主主義国家のあり方を揺るがす非常事態とは認めにくいにもかかわらず、その強烈な悪の表象ゆえに、憲法の基本的人権、児童福祉法、子どもの権利条約の理念をも裏切る「例外状態」が出現し、常態化しているのである。イタリアの哲学者、ジョルジョ・アガンベンは「例外状態」について次のように言う。

もし例外というのが、法が生に関係させられ自らの一時停止をつうじて生を自らのうちに包摂するさいの独自の装置であるとするならば、例外状態についての理論は、生きているものを法に結び付けると同時に見捨ててしまうような関係を定義するための前提条件となる（Agamben 2003=2007: 8）。

例外状態が通常の統治の手段として姿をみせ、それゆえ子どもたちは、子どもの権利の法規定に結びつけられると同時に見捨てられてしまうのである。

英国のソーシャルワークについて、リスクに着目し批判的な議論を展開しているトニー・スタンレイによると、ソーシャルワーカーは、子どもの安全確保という決定が子どもとその家族にもたらす長期的で甚大な影響が不確定であるにもかかわらず、テロリストによる犯罪を予防するかのように、「先制攻撃」を仕掛ける。殺戮テロのリスクを予想することは難しくとも、テロへの人々の極端な恐怖ゆえに防止行動を正当化する必要はない。児童保護での「リスクの過激化」とも称されうるリスク時点での介入も同様であり、「テロリストの親」のごとく、親をリスクで評価することで、子どもへ適切なケアを提供する親の能力に影響を与える社会的文脈が曖昧にされ、そのソーシャルワーク実践がさらなる恐怖の蔓延に資することになる。結果として、「犯罪が起こる前の空間」にソーシャルワーカーが係留されてしまい、子どもへの危害を防ぐ「防止義務」が一層強く課せられることになる。防止義務が個人的なレベルに限定されるようにソーシャルワークの政策と実践が形づくられ、そこで共有されている個人情報のレベルも上がっていく。そしてテロリストへのリスクのように、虐待のリスクが高いとされると、その判定は覆されにくい（Stanley 2018）。

（2）望ましいソーシャルワークの「例外」

メディアで児童虐待への児童相談所の対応の過失について取り上げられるとき、かならず言及されてきたのが、体制強化のための福祉の専門職の配置と増員、そして専門的トレーニングの必要性である。ただ、本章の関心からすると、児童虐待は今日的に望ましいとされる社会福祉の援助技法であるソーシャルワークの「例外」として位置づけられる点に注意が必要である。

望ましいソーシャルワークとは何か。米国のソーシャルワークの理論家で、一九七〇年代にエコロジカル・ソーシャルワークのエコマップの開発者として日本でも参照されてきたアン・ハートマンは、一九九〇年代初頭、『ソーシャルワーク誌』の編集長時代に、フーコーの影響を受けたソーシャルワークのポストモダン理論家として、「知識の様々なあり方」（Hartman 1990）や「言葉が世界を作り上げる」（Hartman 1991）と題する論説を次々と発表した。権力をもつ者が知識を有し、何がリアリティであるかを定義し、他者の世界観をないがしろにすることで自分たちの権力を維持する。この構造において、ソーシャルワーカーは、言語の権力性に焦点をあて、抑圧されている人たちと一緒に、肌の色、性別、年齢、性的志向性などから特定のグループを周辺化しようとする支配的な言説に対して異議を申し立て続けなければならない（Hartman 1991）。そして、むしろソーシャルワーカーの見解に挑戦するような利用者の経験を、つまり利用者にとっての真実やローカルなストーリーを重視する方向性を打ち出し、自分たちが専門知識を特権化してしまっている構図に対して警鐘を鳴らしたのである（Hartman 1990, 1992b）。「多くの真実」そのものはソーシャルワーカーの理解を広げるだけでなく、利用者をエンパワーする《力づける》一助となるとする（Hartman 1992a）。

ただ、このような明確な利用者志向のソーシャルワークの流れにおいて、一点、見定めておかなければならないことは、そこにつけられた留保である。ハートマンは、利用者の自己決定を保留でき、ソーシャルワークに付与されてきた権力の正当性を主張できる例外的な事項があると指摘した（Hartman 1993）。「虐待」である。ハートマンは福祉における理論研究の主導者の一人であり、目に見えにくい権力作用に対する鋭い批判を投げかけてきた論者である。そのハートマンが、反社会的と定義される利用者の行動については、ソーシャルワーカーが予防、介入しなければならないと留保をつけたのである。もちろん、ハートマンはこの「正当な権力」が乱用されることのないように付記しているが、米国の児童虐待の認定で最も多い種別がネグレクトであり、世帯の貧困と強く関連していることに勘案すると（Sedlak et al. 2010）、「多くの真実」の省察が、虐待の疑いがかかった家庭では例外的に停止されるべきという指摘は驚愕的である。

5　不可能な任務――調査と援助の二重の役割

例外状態を定めるのは国家であり、日本の児童虐待に関しては、主たる執行機関は児童相談所である。憲法で規定されている人権を宙吊りにし、その結果、親は子どもの、子どもは親の生活世界から放り出されるというのがひとつの帰結である。それが司法ではなく援助を冠したソーシャルワーク実践によって始動されるのである。なぜか。

ソーシャルワークはその誕生から「援助」と「調査」の二重の――しかし互いに抵触することの多い――役割を担わされてきた。「援助の必要な人たち」を積極的に発見し、調査する機能まで付与されてきた。そのことによって、貧困家庭、黒人家庭やかれらのコミュニティは過剰介入を受けて崩壊させられただけでなく、そうした人たちに対して、問題を解決できない「トラブルをもつ個人」というイメージが積極的に作り上げられてきた。強面の警察ではなく、「優しい」対人援助で、調査の意図を隠し介入することがソーシャルワークの系譜に埋め込まれているのである（Margolin 1997=2003）。ソーシャルワークには、その調査役割ゆえに、信頼という言葉を裏切りながら、信頼関係（ラポール）を形成しなければならないという使命が付託されてきたのである。そして、今日の児童虐待防止政策においては、ソーシャルワーカーに課せられた虐待防止の義務ゆえに、援助しながら、調査をして機関に報告する役割に一層強く拘束されてしまった（Stanley 2018）。

米国の児童福祉政策学のリーロイ・ペルトンもまた、「ソーシャルワークとは何か」の本質論で、児童保護機関のソーシャルワーカーが、家庭への援助と介入的な調査という矛盾する役割を担わされていることを問題視する（Pelton 1989）。この調査役割ゆえに、ソーシャルワーカーは利用者と自分自身の両方を裏切らなければならず、燃え尽き症候群と転職率が高い専門職と化した。ペルトンたちからすると、ソーシャルワークは、この調査役割を手放し援助に一本化し、ソーシャルワークがもう一つの伝統として保持してきたミッションである公正な社会への改革に重心を傾けるべきなのである。

本事例もまた、福祉機関である児童相談所の援助と調査の矛盾が表れていた。シングルマザーの生活保護受給家庭に男性の影があるのではないか、といった詮索である。調査より「捜査」という言葉のほうが適切かもしれない。一時保護中の子どもに対してこの質問を発する児童福祉司に子どもはどうして心を開くことができるというのだろうか。

子どもだけでなく、厚生省や市町村の児童虐待の対応マニュアルは、利用者との「信頼関係」の記載が満載されている。「児童福祉司・児童心理司とのラポール」が形成されていることが、一時保護中の子どもの面会や帰宅に必要とされる。

つまるところ、この信頼関係の形成は、児童福祉司、親、そして子どもにとって、不可能な任務ではないだろうか。

第7章　多文化と児童虐待

日本には観光やビジネスや親族訪問などの短期滞在を除いても、二八八万七一一六人の在留外国人が登録されている[1]。二〇一九年四月に外国人労働者に関する在留資格の新設や改編がなされ、今後も留学生・労働者・起業家などの在留外国人の増加が政策的に見込まれており、家族帯同が認められている人たちも多い。この外国人家族の子どもたちの生育には、日本の教育と福祉・医療の制度が深く関わってくる。国籍を問わず教育や保護を受ける権利とその支援体制を整備する必要性が、「子どもの権利条約」などに依拠にして指摘されてきた。そこでは相手の文化を尊重することが確認され、「クライアントとワーカーが異なる文化に属する援助関係において行われるソーシャルワーク」（石河 2012: 13）といった多文化へのアプローチの重要性が言及されている。

しかしこの多文化的アプローチは容易なものではなく、海外ではその難しさが議論されている領域がある。家庭内での児童虐待である。児童虐待防止対策を実施している国々においては、文化的背景を異にする先住民や移民の子育てに対する福祉・司法の対応が研究関心となってきた。文化的・民族的に多様な人々（往々にして支配的文化からマイノリティとみなされている）をできるだけ望ましい方法で社会に統合させることが政策的に模索されるとき、様々な議論や仮説の検証の場となるのが、児童虐待問題の領域だとされている（Barn 2007）。他方で児童虐待が利用者中心の多文化的なソーシャルワークの例外だと位置づけられてきたことは前章でも見たとおりである。

日本では外国人の親をもつ子どもへの児童虐待の全国規模の統計は出されていない。参考になるのは北野尚美たちの調査で、全国の児童相談所を対象として二〇〇七年四月から三年五か月の間に少なくとも全国の五八％の児童相談所で、どちらか一方もしくは両方の親が外国人である子どもに発生した家庭内虐待事例は一六三九例であったと指摘している（北野ほか 2019）。

本章ではそのような実態に踏み込むのではなく、より原理的なアプローチを試みたい。家庭内での児童虐待問題は、それが問題として出現する社会的および文化的な文脈を伴っている。子育ての様式は時代や社会、文化を越えて普遍的に規定されているものではなく、子育てに関する基準は文化的に相対的であることから、虐待の普遍的な定義はない（Raman and Hodes 2012）。日本では現在、被虐待児童の発見にはリスクの時点での介入と画一的なリスクアセスメントによる判定が使用されており、それが外国にルーツをもつ家庭に適用されるならば、児童虐待という視点が乏しい社会では問題にならないような様々な状況が、虐待リスクあるいは「虐待の恐れあり」と判定される。本章では、外国籍や異なる文化的背景の養育者と児童虐待問題との課題について主な関連研究と、日本に居住する外国籍の親への、自身の子育てと児童虐待防止政策に関するインタビュー結果を報告する。そして、それらの検討を通して日本の児童虐待政策の課題を浮き上がらせる。

1　虐待という視点

家庭内での親による児童虐待が本格的に発見されたのは二〇世紀半ばすぎで、米国の児童虐待の概念や発見方法が英国など他の西欧社会にも輸出されたことは既に述べたが、いわゆる西欧社会以外の他の社会において、児童虐待問題はどうなっているのか。多文化社会と児童虐待を考えるうえで、この分野の古典的研究の位置づけを得ている文化人類学者ジル・コービンが編んだ一九八一年刊行『チャイルドアビューズとネグレクト――通文化的視座』をみていこう。

この本は、ニューギニア、サブサハラアフリカ、南米の先住民、インドの農村部、トルコ、日本、台湾、中国、ポリネシアの章から構成され、子どもの社会化、つまり社会への同調性を強いる様式において、何が許容される子育てのテクニックであるのかは文化的な相違が極めて顕著であることを示している。コービンによると、文化的な視座を含めていかなければ、自分たちの子育ての文化的価値や実践が他より優れているというエスノセントリズム（自文化中心主義）に容易に絡めとられてしまう。しかし、その一方で、極端な文化相対主義や文化への感受性を高めることを名目に、子どもへのすべての扱いの是非自体が留保されるべきではないと主張する（Korbin 1981a）。この研究において、ケンペたちが一九六二年に「バタード・チャイルド・シンドローム」として記述したような形で子どもたちを叩きのめして苦しめる極端な害を承認している文化はなかったと記述されている（Korbin 1981b）。

家庭内の児童虐待の認識は時代・社会・民族コミュニティ、おそらくそこで生きる一人ひとりによって違うだろう。さらに、児童虐待を問題として認識した社会においても、この問題への対応には相違が認められ、対応の違いについてはいくつかのパターン分けがなされていることは第5章で示したとおりである。とくに、「コミュニティ・ケアリングシステム」は、一つの国において異なる対応システムが並存されたものであるが、州や郡に自治や裁量権が委ねられていることに加えて、その土地に暮らしていた先住民の子どもが被虐待児として認定され、異文化の施設や家庭に措置された歴史への反省が背景となっていた。

このような、ひとつの社会における家族や家族を取り囲む環境の違いは、先住民だけではない。いくつかの新移民の子育て慣行の文化差と虐待については、児童保護システムを採用している米国で多くの議論が重ねられてきた。たとえば、世界各地から難民として米国で居住し始める人たちは、労働、食事、子育てといった点で多様な見解を持ち込むが、それが現行の支配的な文化と異なる場合にどうなるかである。別室で泣き叫ぶ子どもを放置して一人で就寝させることは、多くの非西洋文化ではあってはならないことである。他方、子どもを高い温度で入浴させたり、食事をあたえずに小屋のような別棟に数日放置するといった非西洋文化で認められる慣行は、米国では虐待とみなされる（Futterman 2003）。

第3章でみてきたように児童保護システムを採用する米国、そしてカナダもであるが、親の自律した子育てという近代家族文化とは違う、低経済階層やシングルマザーの生活様式が虐待の判定につながりやすいことが指摘されてきた。近代家族文化から逸脱している親が虐待のリスクが高いとして扱われているからである（Strega 2009）。この虐待のリスクとは子どもが親によって酷い目にあっている現在というよりも、そうなる未来、つまり可能性を予想するわけであるから、範囲は広くなり、そしてあるべき子育ての文化的な望ましさが強く入り込むことになる。

第1章で述べたように、日本では一九九〇年代までは児童虐待について固有の問題としての認識は低かった。このことは、コービンらの通文化的研究で日本の章を担当した文化人類学者の我妻洋（Wagatsuma 1981）の記述にも表れている。我妻は、日本で児童虐待に社会的な関心が向かないのは問題を認識するのに失敗しているというよりも、実際に少ないからだとする。その理由として、初婚年齢が高い、文化的装置としての「母性」が社会で機能している、親族・近隣のネットワークからのサポートがある、小学校での全生徒の身体検査で子どもの怪我等が見つかってしまう、中絶により望まない子どもが生まれてきにくい、衝動が他者に向かうのでなく自殺という形で自分に向かいやすい文化である、といった点が挙げられていた。

そのような状況認識についての言説は一九九〇年を境に大きく変化してきた。米国などの対策が紹介され、悲惨な虐待死がメディアで大きく報道された（第2章参照）。厚生労働省が全国の児童相談所の児童虐待相談対応件数の統計を毎年発表し始めた一九九〇年度から約三〇年を経て、件数は急増している。児童相談所に通告されていないが、保健所の健診等で「見守り」となっているケースを含めると、虐待のリスクアセスメントで問題視されている親子は少なくないと思われる。

虐待のリスクを発見するために使用されているリスクアセスメントであるが、みてきたように、日本でもあるべき標準的な子育て家族像がつくられていくなかで、文化的な指標と経済的な指標が混じってくる。これまでの章でみたように、経済的困窮、失業などの経済的に厳しい状態で子育てしている家庭や、離別や未婚のシングルマザーや再婚家庭の子育てが虐待のリスクを有しているとされているからである。そして、このリスクアセスメントのなかには、「外国人」も家族の虐待リスクとして掲載されていることがある。

2 外国籍の親からみた日本の児童虐待防止対策

本章では児童虐待の判定を受けていない外国籍の親に、日本の児童虐待防止の対策を説明し、親たちの子育ての状況と課題を聞き取ることを目的として、二家族にインタビューを実施した。現行の「児童虐待防止の対策」については、体罰を禁止した二〇二〇年度四月施行の児童福祉法改正ならびに児童虐待防止法改正、健診等での児童虐待の発見対策について説明した。

インタビュー対象者のA家族は、四〇歳代の韓国人の共働きの両親のもと二人の男児がいる。そしてB家族は三〇歳代のベトナム人女性と六〇歳代カナダ人男性の夫婦で二人の女児がいる。A家族は二〇二〇年春にSKYPEで妻にのみインタビューを実施した。B家族は一五年来の筆者の知人であり、出産、幼稚園・保育所等に伴う諸手続きに同行した経緯がある。今回の研究の趣旨を説明したうえで、それについての意見を両親にまとめてもらった。以下、関連する箇所を要約したうえで、インタビュー対象者に掲載許可を得た。

(1) 韓国人家族

私は日本に来て一七年目である。現在は五歳の第一子と三歳の第二子と一緒に東京に住んでおり、夫は単身赴任中である。夫婦共働きで親族はだれひとり日本に居住していない。第一子は名古屋で、第二子は東京で出産した。出産のときは、韓国から母が来日して子育てを手伝ってくれた。

児童虐待防止の仕組みの説明は受けていない。一歳児から五歳児の健診において、体罰や虐待という言葉を聞いたことはない。出産したらすぐに保健師が自宅に来てくれて、いろいろと聞かれたが、それも虐待防止対策の一環だとは受け止めなかった。

ただ昨年一二月頃から保育圏でポスターが張り出され、そこに「体罰はやめて」と書かれている。それを見るたびに体罰とは何だろうと思う。「どこまでを体罰と言っているのか」がいつも気になっている。「叩くこと自体がだめなんですか？」。韓国でも最近は法律の変化もあるのだろうが、「叩くことは愛がこもっているので、許されることだと思っている」。育児はときには極端なことが必要というのを私は親から教えてもらった。夜、子どもが言うことをきかない。外に鬼がいるから外に出ようと言って一緒に外にでる。子どもは泣きながら、もうやらないと言うので、また一緒に家に入る。「これも虐待ですか」。私は、一つのやり方だと思っている。お母さんがここまでやってくれている。口だけではない。だからこそ、子どもはお母さんの言うことに対して危機感をもってくれる。それに叩くよりよいのかもしれない。でも最近、近所のおばさんから、誰かが交番に連絡するかもしれないので、やめておいたほうがいいと言われた。

二人ともいまでこそ認可保育園に預けているが、「大変だったです」。一人目は一歳半まで、二人目は二歳児まで、半年間は認可外でも待機もできず、下の子どものときに、すぐに仕事に復帰しなければならず、七か月まで家で世話をすることになったからである。自分の母親に一～二か月に一〇日の程度で来てもらい、それが一年間以上続いた。保育園に入るための点数が一番難しかった。自分は韓国のやり方に慣れているので、何をどうするのかがわからない。仕事を失うと点数が下がってしまう。自分たちは説明された通りしかわからない。日本人の親のようにコツがわからないので、点数を積み重ねるのが大変だった。韓国人の友達は保育園が見つからず引っ越しをした。保育園のことで役所に行っても、「ないです」、「むつかしい」。この二つが返ってくるだけだった。

私たちのように日本に来ている外国人は教育か仕事で、共働きであることが多い。「どこも皆一緒だと思うのですけれど。親族が誰も日本にいない」。だから、認可保育所が入りやすければ、とても助かる。これがなければとても困る。

役所の子育ての部署に、日本で子育てをすることの状況を理解できている、子育て経験がある先輩の韓国語通訳がいて欲しい。日本語の文章に隠された意味を理解することが外国人では難しい。

(2) ベトナム人／カナダ人家族

母親はベトナム籍で、父親はカナダ籍であり、第一子が一一歳、第二子は四歳になった。結婚当初から夫の就労地である徳島に居住し、ふたりの娘を出産した。そのときはベトナムから妻の母親が日本に各二か月滞在し、全面的にサポートをしてくれた。その後、長女はベトナムのインターナショナルスクールに通うためベトナムに戻り母方の実家に滞在した。母親の両親と母親が子どもの世話をし、子どもの学校の長期休暇を利用して年に四回ほど、母親と一緒に徳島で働く父親のアパートに数週間から二か月ほど滞在する。母親は翻訳の仕事をしているのでネット接続があればどこでも働くことができる。第二子は出産後、基本的に母親と一緒にいる。二〇二〇年七月に両親と子ども二人が父親の定年退職を待ってカナダに移住した。両親は日本語が話せない。

虐待防止の制度は知らないし、情報もないので、内容を教えてほしい（母親・父親）。出産後に役所からアパートにやって来た人がいて、いろいろと質問されたが、生まれた子どもの健康に問題はなかった（母親）。子どもを叩くのは恐ろしいことで、私たちはそういうことはしない（母親・父親）。

自分たちは「ガイジン」だから、虐待の容疑をかけられても、国外に出国したらそれで終わりではないか。何が児童虐待なのか。虐待を疑っても日本の役所や警察は外国人に何かできるのか。この点をどこかに問い合わせてはっきりしたい。政府は虐待の明確な定義を示す英語のホームページを作り、外国人用のホットラインの窓口を設けるべきだ。自分はGoogleで検索したが見つけることができなかった。もし自分たちが疑いをかけられたらすぐに子どもを連れて国に帰る（父親）。

第一子は家から遠い通学バスのある私立の付属幼稚園に入学させた。そこに苦労して一年通った後に、家から徒歩三分のところに認可保育所があると教えてくれた人がいて、移ることができた。保育所のことは複雑で理解できなかった（母親）。

幼稚園も保育所も娘に良くしてくれて、とても感謝している。申し訳ないのは、役所や保育所の申し込みで日本人の友達の世話になり続けていることだ。水筒を持っていないといったことで、自分たちが日本語がわからないので友人が保育所から呼び出される。自分たちには、子育てを助けてあげたいと申し出てくれる友人がいるが、ほかの外国人はこうはいかないだろう（父親）。

家族一緒に暮らせるように地元の小学校の情報を集めた。英語対応の小学校があるということだったが、主な教科を英語で教えてくれるわけではなかった。いちばん近くのインターナショナルスクールは片道四時間かかる。それで、ハノイの実家から通えるインターナショナルスクールに申し込み、第一子は学校のある期間だけハノイにいる。ハノイでは「ジジババ」が世話をしてくれる（父親）。そして日本に来るとアパートの近所にある公立小学校に夏一か月足らず通学させる（母親）。

外国人のなかには日本の小学校の先生のきめ細かい気配りについて高評価を出すひとがいるが、自分は日本の小学校は幼いうちからストレスの高い社会への同調性を教え込む装置だと思っている。個々の子どものイニシアティブや幸せを追求する制度のようにはみえないのである。虐待と言うなら、自分にはこれが虐待的にみえる（父親）。

3　何がなされるべきか

子どもを擁する外国籍の家族といっても様々であるが、この二つの家族は両親とも外国人で、子どもは親に確実に扶養されており、ひとり親でも貧困ライン以下の世帯でもない。躓きになったのは保育園の利用である。とくに韓国人家族は両親が常勤で、日本での子育てで、出産直後は、韓国から祖母に短期間来てもらったが、それ以降は親が日本で子育てをしなければならず、日本の保育行政への期待が高い。ベトナム人/カナダ人家族は母親がポータブルな就労形態であり、第一子は幼稚園と保育園も利用しながら、子育てサポートが必要なときに、祖母に来てもらうだけでなく、母親が第一子や第二子を連れて帰国していた。ベトナム人/カナダ人家族の親子は小学校の授業があり、子育てのサポートもある祖父母宅に学期中は滞在するといったトランスナショナルなライフスタイルを形成している。地理的な移動をともなう子育てパターン自体が、地域の専門機関が親子を捕捉できないという点で児童虐待防止対策からすると不安材料とされるが、ベトナム人/カナダ人家族の場合は、親子が移動することで祖父母が育児にかかわるなど子育ての責任と負担を分散させ、育児期を乗り越える戦略をとっている。

二つの家族に共通することは、第一に日本の児童虐待防止の対策ならびに何が日本で児童虐待とされるのかの知識が皆無であったことである。そして子育てと体罰についてはとらえ方が違っている。ベトナム人/カナダ人家族は子どもを叩くことに否定的であるだけでなく、父親に至っては日本の公教育を詰め込みで虐待的だと受け止めていた。韓国人家族の母親は子どもの人格に影響がない範囲で愛情をもって叩く子育てを容認し、それを韓国の文化的出自と結び付けて語っていた。このように、何が許容される子どものしつけで、児童虐待とは何かの深いレベルでの合意を得ることは容易ではないが、最低限なされるべきは、子どもを養育している外国籍の家庭に、国連の「子どもの権利条約」をはじめ、児童虐待防止システムが台頭してきた背景や根拠を含めて、日本で出産・子育てをする際に「あなたが遭遇するかもしれないこと」の情報提供を行うことである（Reisig and Miller 2009）。具体的にはたとえば筆者がインタビューで対象者に説明したように、通告の対象が「児童虐待を受けた児童」ではなく「児童虐待を受けたと思われる児童」に拡大していること、虐待の定義に兄弟間の差別的な扱いや、子どもの面前での夫婦間のDV、そして二〇二〇年四月からは子どものしつけに際する体罰の禁止が組み込まれていることも伝える必要があるだろう。

第二には、両方の家族が必要としていた認可保育所などの情報提供である。外国人が児童虐待防止対策のリスク要因になっているのは、「習慣や言葉の違いによる不安・社会的孤立、相談機関を知らないことでの孤立化」（立原・金山 2016）であるとされている。そして現に、言葉の違いにより社会資源の活用が難しくなることは本事例においても示されていた。しかし、言葉の違いは当の家族がすぐに対処できることではなく、行政側が多言語対応をするなどの方法で取り組む課題である。つまり、家族側の虐待リスクとするのではなく、行政側に帰属する課題として再定義し、実際の利用者の言語を保障し、可能であれば民族的に多様な背景をもつ専門家をチームに含めていくことが求められる。

第三は認可保育所の利用可能性である。これもまた各々の外国籍の家族が努力できることではなく、行政に帰属する問題である。冒頭で触れた日本に住む外国人が増えてきたのは、労働力不足を理由に外国人に関する在留資格の新設や改編が政策的に進められたからである。就労のためには子どもを保育機関に預ける必要があるが、その過程には困難が存在していることがわかる。日本で子育てをする外国人にとっては、認可保育所の利用ができなければ就労のハードルが高くなる。児童虐待への対応は、利用者の文化的多様性への深い理解や専門職のエスノセントリズムへの気づきなどに現れる多文化ソーシャルワークの「例外」として扱われやすい。この点は前章で述べたとおりである。ただ、行政ができることも多く、それらは外国籍家族の日本での子育ての環境を確実に整えることにつながる。

ここで、外国籍家族の子育てから日本の児童虐待防止政策全般に関して考えていきたい。「外国人への人権の考慮は、日本の福祉・保健制度の弱点をみなおす機会」（柳川・中村 2005: 327）であるからだ。今回のインタビューで明らかになったことには、子どもの一時保護や施設入所措置を経験した親たち（第5章）とも共通する部分がある。まず、児童虐待防止システムへの情報がない点であるが、現行の児童虐待防止システムがどのように動いているのかについて知らされていないのは、何も外国籍の家庭に限ったことでもない。現在、児童保護の領域において実施されているリスクを発見するアプローチは、たとえば乳児家庭全戸訪問事業での虐待発見の試みにみられるように、行政側が真の目的を伝えず、専門家の手の内をみせない方法である。

生活形態のマイノリティ性という点では、単親家庭や経済困難家庭での子育ても「文化」という表象をもってあらわれやすいこともみてきたとおりである。本章で紹介した二家族は、共働きであり、経済的にも安定しているようにみえる。しかし、筆者は児童相談所に児童虐待として判定されたひとり親の事例から、フィリピン出身の母親が賃率のよい夜間開業の飲食店で働き、夜間保育に依存する子育てになり、児童相談所がそれを問題とみなして改善するよう指導している事例を検討したことがある（辻・上野 2019）。外国人人口の数的マジョリティを占めるニューカマーのなかには、経済、家族等において剥奪的位置におかれている家族が少なくない（宮島 2013）。そして日本における児童虐待ケースにもまた、経済的に困難な世帯が多く含まれている（川松ほか、2017）。子育て家族が直面する諸問題を社会的に手当することで、養育者の子育て環境自体が大きく改善することは、貧困や親の失業問題を例にとっても、誰にでも予測できることである。外国籍の親の言語の問題や保育所の利用と同様に、低賃金や不安定な雇用制度を親が解決することなどできないからである。

私たちは家庭内での児童虐待を問題として強く認識してしまった社会の住人である。外国籍の親だけに限らず、妊娠・出産を予定するすべての人とその家族に、現行の児童虐待防止対策によって「あなたが遭遇するかもしれないこと」を明示して、どういう児童虐待への対応システムのもとでの子育てが望まれるのか、当事者ならびにこれらの子育て世代からの幅広い意見が政策に反映されるべきである。今後の児童虐待防止対策の見直しの場では、外国籍を含めた民族的マイノリティから多様な子育てについて学ぶことも重要である。

【注】

1 『在留外国人統計（旧登録外国人統計）』二〇二〇年一二月調査　https://www.e-stat.go.jp/stat-earch/files?page=1&layout=datalist&toukei=00250012&tstat=000001018034&cycle=1&year=20200&month=24101212&tclass1=000001060399

第8章

「不十分な親」の構築
ヤングケアラー概念の批判的検討

1　ヤングケアラー概念の台頭

ヤングケアラーが話題になっている。二〇一〇年に発足した日本ケアラー連盟によると、ヤングケアラーとは家族にケアを要する人がいる場合に、大人が担うようなケア責任を引き受け、家事や家族の世話、介護、感情面のサポートなどを行っている一八歳未満の子どものことを指す。ケアが必要な人は、主に障がいや病気のある親や高齢の祖父母であるが、きょうだいや他の親族の場合もあるとされる[1]。

日本でのヤングケアラーの研究は、論文データベースで検索すると二〇〇〇年以降のものがほとんどである。ヤングケアラーの実態を把握する調査がはじまり、厚生労働省の「ヤングケアラー」全国調査（厚生労働省 2020）では中学・高校生でおよそ二〇人に一人が該当し、国が支援策（厚生労働省 2021）をまとめている。そしてメディアでも、特集番組が組まれ、家族の世話を担っている子どもがどこにいるのか、子どもをどうサポートするかといった実践的で政策的な関心が強く認められる。

筆者は、このヤングケアラー概念を啓発する昨今の言説は批判的な検討に拓かれるべきという立場である。とくにヤングケアラーの問題を、子どもの学校でのパーフォーマンスの問題、社会参加や人間関係構築の制約、自尊心や精神衛生だけでなく、親のネグレクトとしてみる兆しがでてきたことに危機感をもつ。ヤングケアラー概念は、ペアレンティングのイメージを刷新させ、障害や慢性疾病をもつ親を「不十分な親」とみなす発想とつながっている。それゆえ、ヤングケアラーの子どもたちのストーリーは、被虐待児のストーリーとして実に簡単に読まれてしまう。本章では、ヤングケアラー概念の何が問題なのかをみていくが、日本のヤングケアラーの研究と支援活動が依拠している英国においてこの概念がどのように台頭したのかをまず簡潔に記しておく。

そもそも英国では、ヤングケアラーという言葉が一九八〇年代から用いられているが、本格的に台頭したのは一九九〇年代である。九〇年代はじめに、「ケアラー全国連盟のヤングケアラープロジェクト（CNAYCP）」が英国保健省の資金を得た調査で、「許容できないコミュニティケアの側面」を問題提起している（Meredith 1991）。この時期、ヤングケアラー研究の書籍も出されている。その記念碑となるのは、ヤングケアラー調査グループを一九九二年に立ち上げたラフバラー大学の研究者で、このテーマを世界的に主導することになるジョ・オルドリッジとソール・ベッカーが著した『ケアをする子ども――ヤングケアラーの世界』（Aldridge and Becker 1993）である。一五名へのヤングケアラー（うち四名は調査時点では大人）への質的調査から、幼い時から世話役割で子ども時代を喪失した子どもたちの苦悩を描き出し、子どもたちに対するサポートと全国調査の必要性を訴えた。この時期には、『あなたも早く大きくなりすぎて』（Bilsborrow 1992）といったような読者の感情に訴えるタイトルの論文・書籍・メディア報道が次々と登場する一方で、医学誌、『英国医学誌 *British Medical Journal*』に「だれがヤングケアラーをケアするのか」という論説（Jenkins and Wingate 1994）が掲載されるなど、硬軟自在で幅広い読者に訴えていった。これらの議論は当初からサービス提供の必要性と結びついており、ヤングケアラーはすでに一九九〇年代初頭より社会福祉サービスの対象となっていたが（Newman 2002）、ヤングケアラーの存在が社会的に広く認識され、ヤングケアラーへの固有のサービスが拡大したのは、ヤングケアラーを法的に定義した一九九五年の「ケアラー（認知・サービス）法 Carers（Recognition and Services）Act」以降である。さらに、二〇一四年の「ケア法 Care Act 2014」ならびに「子どもと家族に関する法律 Children and Families Act」は、ヤングケラーとその家族を発見しサポートすることを専門家の義務として明確に位置づけている（Aldridge 2018）。そして、現在までに、全国規模の推計がいくつか出ており、数は調査設計により異なるが、二〇一〇年にBBCによる七〇万人という数字も出現した（BBC 2010）。

近年、ヤングケアラーは英国以外の国に広がり研究がなされ（e.g. Leu et al. 2019）、とくにヨーロッパ域内比較（e.g. Nap et al. 2020）や国際比較研究（e.g. Becker 2007）が続いている。他方、英国では「いまだに隠れているヤングケアラー」を突き止める研究（e.g.Warren and Ruskin 2008）の流れも一貫して認められる。そして「〇〇〇をケアするヤングケアラー」といったように、特定の疾患にフォーカスしたヤングケアラー研究も数多い。

ヤングケアラー誕生の地、英国を起点にみると、日本は一〇年以上遅れて研究と実践がはじまった。そして本章が注目するのは、日本では英国で問題になったヤングケアラー論が無批判に導入されている点である。

というのは、英国にはヤングケアラー概念批判という潮流がくっきりと存在しているからである。家族の世話をする見えにくい子どもを見つけようとする眼差しと実践そのものに対して早くから疑義が呈された。そして『クリティカル・ソーシャル・ポリシー誌』上で一九九〇年代半ばに激しい論争が戦わされている（Aldridge and Becker 1996, Keith and Morris 1995, Morris 1997）。その論争は、研究者や実践家の間で、ヤングケアラーに関して、どちらの立場に立つのかを明確に意識化させたようにみえる。したがって本章では、とくにこの論戦で提示された英国障害学からのヤングケアラーへの批判的視座を中心に紹介する。

2　ヤングケアラー概念のどこが問題なのか
――英国の議論を参照して

ヤングケアラーという問いのたて方のいったい何が問題とされたのだろうか。障害者の自立生活運動の当事者で母親でもあるロイス・キースとジェニー・モリスは、一九九五年「安易なターゲット」と題した論考で、ヤングケアラーの概念について徹底的に批判している（Keith and Morris 1995）。その批判のリストは長い[2]が、ヤングケアラーは（1）英国保健省の政策の欠陥ゆえに生じた問題であり、（2）ペアレンティングの定義を変え「不十分な親」を名指しする、というふたつに絞って紹介する。

（1）財源配分と福祉カテゴリー

ヤングケアラーは、英国の財源問題に関係したコミュニティケアの方向性と深く結びついている。一九八一年、英国保健省は、『高齢化する』と題した報告書で、高齢者のケアを提供する公的な資源は決して十分なものにならないという前提のもと、コミュニティでのケアから公的財源を使わないコミュニティによるケア（家族・親族、友人、ボランティア）への移行の指針を明記した（Department of Health 1981, paragraph 1.9）。この公的なサービスが必要なときに十分に提供されるようにはならないとの見立てが、「英国国民保健サービス&コミュニティケア法 1990 NHS and Community Care Act」の屋台骨となり、ヤングケアラーの研究者や関連団体・機関によって共有されているとする。

そのような政策的な意図においては、子どもたちによるケアは必然となる。障害者生活手当Disability Living Allowanceは週に数時間の支援を購入するのにも足りない。そして資産調査も厳しく、障害をもつ人たちのなかで現金給付の対象となる人は一握りである。そして予算の制約ゆえに、ケアプランは、自立生活の原則ではなく、家族が無償で介助することが前提とされる。障害をもつ親たちが共通して経験しているのは、子どもを含めた家族に依存しなければならないようにソーシャルサービスからの給付金とサービス提供が抑えられているという状態である。つまりヤングケアラー論の焦点付けは間違っていて、支援は子どもではなく、親に対するものであるべきである。支援が十分であれば、子どもたちの教育的機会、社会関係を築く機会も妨げられず、子どもたちの情緒的な健康も守られ促進される。ヤングケアラーの議論が、「慢性疾患および障害者法1970 Chronically Sick and Disabled Persons Act」で保障されているはずの具体的なアシスタンスや支援金、補助具等にどのようにアクセスするかに関心がなく、ヤングケアラーのみを探しあてようとするのはいったいどういうことか、というわけである。

このキースとモリス（1995）の問題提起に対して、オルドリッジとベッカーは「ゼロサム議論の危険性」と副題をつけ、それがヤングケアラーへのバックラッシュ（逆流現象）であると位置づけた。そして、他の論者からの批判点をも含めて、まとめて反論している

(Aldridge and Becker 1996)。[3] 上記の点における反論に絞ると、親が十分にサポートされていなければ、子どもはケアをする必要がないというが、病気や障害が家族生活に及ぼすインパクト、家族における権力や性格的なもののダイナミズムもあり、状況はそんなに単純なものではない。そして自分たちも、子どものケア内容と範囲は、親の状態とサポートの入手可能性によって直接影響されると言い続けてきたとする(Aldridge and Becker 1996)。

これに対して、モリス(1997)は再批判のなかでオルドリッジとベッカーが「社会資源は十分ではない」という前提を保持しており、これでは子どもが世話をするのは仕方がないと言っているようなものであるとし、オルドリッジとベッカーが記したヤングケアラーが存在している理由に関しても、いずれも援助が必要であるのは子ども側ではなく親側であると強調する。[4] なお付言すると、オルドリッジとベッカーによって批判の矛先を向けられたリチャード・オルセンとギリアン・パーカー(Olsen and Parker 1997)は資源の限定性に一定の理解を示しながら、子どもの権利と親の権利の対立図式が鮮明になることに警鐘を鳴らす。サービスの「戦略と優先性」という観点を打ち出し、子どもがケアをしなければならない状況のほうが最初に改善されるべきであると説く。たとえば、地方で孤立しているヤングケアラーを都市部に連れてくる移送サポートの必要性が指摘されるのに、交通手段を欠く障害者の状況に言及がないのは奇妙である、と。

ところで、このような障害をもつ親の権利とニーズが十分に認められていれば、子どもがそもそもケアという場面では招来されないという主張は、日本において介護保険法、障害者総合支援法等で当事者にサービスがどこまで提供されるのかに置き換えるとわかりやすい。ケアプランのなかに家族ケアが入り込み、家族が福祉の含み資産とされてきたからである。厚生労働省のヤングケアラーの支援策（厚生労働省 2021）では、ヤングケアラーの早期発見・把握、支援策の推進、社会的認知度の向上が謳われ、そのなかで子どもがいる家庭に関して、子どもを介護力とすることを前提とせずにケアプランのアセスメントを行うべきことも記されている。この点は評価されるべきであろうが、国の焦点づけは子どもであり、サービスが足りていない障害者や高齢者を探し出すために対策を取るということではない。順番が逆である。

（2）「不十分な親」の名指し

『クリティカル・ソーシャル・ポリシー誌』上でのキースとモリスの障害学からの批判のなかで本章が取り上げるもう一つの点は、ヤングケアラー概念によって、親の定義が刷新されたという主張である。ヤングケアラーの議論においては、大人が通常、家庭内で担うはずのタスクが具体的に記され、タスクによりペアレンティングが規定され、そして「不十分な親」が名指しされたからである（Keith and Morris 1995）。

日本ケアラー連盟もまた、子どもたち・若者たちが担っているタスクとして次のような項目をあげている。

家事：料理や洗濯、掃除など／一般的なケア：投薬管理、着替えや移動の介助など／情緒面のサポート：見守り、声かけ、励ましな／身辺ケア：入浴やトイレの介助／きょうだいの世話：世話、見守り／その他：金銭の管理、通院の付添い、家計を支えるための労働、家族のための通訳など

このような項目が実際の調査でどのようにポイント化され、ヤングケアラーの境目がどこにあるのかは明らかにされていないが、日本でもヤングケアラー概念の台頭により、子どもがタスクを遂行することが親の能力の低さと関連づけられたことは確かである。

親が自分たちですべてできなければ、親の仕事を適切に遂行できず「子どもがペアレン

ティングしている」とされ、ときには障害者が子どもを持つこと自体が搾取的だという見方が構成される。ケアラーとされた子どもたちにフォーカスするがゆえに、子どもの幸せへの親の心配や責任感などと、子どもたちの具体的な世話や家を切り盛りするため通常大人によってなされる具体的な仕事の遂行とが切り離されにくい。疾病や障害をもつ親の子どもを愛しケアする能力は、後者に依存するものではないとキースとモリスは（Keith and Morris 1995）は力説する。

タスクで切り取られる「不十分な親」の構築により、ヤングケアラーの概念は子どもの措置、少なくとも措置をめぐる「不安」と深く関係することになる。

オルドリッジとベッカーも、キースとモリスへの反論のなかで、子どもと親に「過失」がないのに、福祉専門家がニーズに適切に対応できずに介入によって家族が引き離されることについてだけは、自分たちも「障害者の権利」の立場と一致すると記している（Aldridge and Becker 1996）。さらに、このふたりは、発見されると家族から引き離されるのではないかという「恐れ」ゆえに、子どもが外部の干渉を拒否することについても早くに指摘していたのである（Aldridge and Becker 1993）。

そして、この恐れは子どもたちだけでなく、キースとモリスによると親たちが強く共有している。経済的状況にゆえにサービスの購入ができなければ、公的支援に頼らざるを得ないが、ソーシャルサービスに依頼すれば、親が子どもを世話できないとみなされ、家族から子どもが取り除かれる可能性があるからである。とくに家庭内での支援にかかわる要望は、母親の適性がないという観点から解釈される恐れがあるので、自分たちがそういう不安を持っていること自体を隠し、サービスを使わない。というのもヤングケアラーの啓発活動ゆえに、とくに専門家から「子どもたちがペアレンティングをしているのではないか」と疑惑のまなざしが注がれるようになったからである。親が支援を要請することが親の能力の欠如とみなされる恐れは親側に強い（Keith and Morris 1995）。

つまり、子どもも親も、ケア事実やその必要性を隠そうとするのである。オルドリッジは「私たちはいまどこにいるのか?」と題する『クリティカル・ソーシャル・ポリシー誌』に掲載した論文で、ヤングケアラーの二五年間を振り返るなかで、この「恐れ」について明記している。二〇一五年の国勢データから二〇〇〇人という数字を示した研究に言及し、ヤングケアラーと家族が要介護・支援の事実を隠すのは杞憂ではなく、現に親の障害・疾病を理由にしてこれだけの数の子どもたちが保護されているからだとする（Aldridge 2018）。

日本でも虐待のネグレクト事例のなかにヤングケアラーがどれだけいるかを突き止める研究

がなされ、ヤングケアラーの多くは虐待的な状況におかれているといった見方がでてきている（安部 2019）。「ネグレクトや不登校との境界も曖昧であり、保護者の養育能力が低かったり、十分な養育ができる状況にないこと」などがヤングケアラーの背景にあると指摘されている（北山・石倉 2015）。そして、「子どもがヤングケアラーと疑われる場合には家族全体の生活実態をアセスメントし、虐待の可能性まで検討」することが提唱されているのである（森田 2020）。

現行の日本の児童虐待防止対策では、すでに親の障害は「リスク要因」として位置づけられている。さらに具体的な子育て相談窓口を利用することで「育児不安」という見方が強化され、児童虐待の嫌疑が浮上すると判定の一材料として用いられる。そのような状況で、ヤングケアラー概念の登場により、ペアレンティングの定義が刷新され、障害や慢性疾病をもつ親が正式に「不十分な親」とみなされる。親の世話だけではない。祖父母やキョウダイの世話であれ、とくに経済的困窮世帯では親の就労ゆえに介護ができず、市場からサービスを購入することもできない。その状況を改善するために子どもが家族の世話にかかわることで、親のネグレクトとみなされうる解釈枠組みが台頭したのである。ヤングケアラー言説を突き詰めると大人が施設に入所するか、子どもが親元を離れるかの選択になるというキースとモリスの指摘は、日本においてもあながち誇張というわけでもないだろう（Keith and Morris 1995）。

3　依存をめぐる対立構造

エヴァ・キテイ（Kittay 1999=2010）は、人間の発達、病気、障害、衰弱による「不可避の依存」とは別に、その不可避な依存者をケアする労働に従事することで生じる派生的な依存を「二次的依存」と呼ぶ。

これをヤングケアラー論争に敷衍すると、障害・慢性疾患等による親たちの不可避の依存と、その親を無償でケアすることで「社会への参加の不平等」を被る二次的依存におかれた子どもたちという図式において、福祉財源の支出を締めるゆえに、親側と子ども側の依存が激しく対立させられてしまう構図になっている。

オルドリッジとベッカーの主張をもう一度みてみよう。『ケアをする子ども』（Aldridge and Becker 1993）で「子どもたちはケアし続けることになるだろう」と予想し、『クリティカル・ソーシャル・ポリシー』誌上の反論でも、すべての障害をもつ親に常にアセスメントと完全に資源に裏付けられるサポートが入手可能でない限り、子どもはケアし続けるだろうと強調していたことはみてきたとおりである。

他方、ヤングケアラー概念を批判するキースとモリスは、「ヤングケアラーの役割への着目は、親へのサポートが十分であったときにのみ意味があるが、実際はそうでなく、子どものニーズに焦点があたることで、親の権利とサポートのニーズが曖昧になる」（Keith and Morris 1995）とする。その他の批判論者も、子どものサービスに集中するゆえに、家族のニーズから資源を奪う、と警鐘を鳴らす（Newman 2002）。ヤングケアラーとは、そもそも子どもたちにサービスを提供することを目的に構築された概念、という性格が強いからである（Thomas et al. 2003）[5]。

とすればこのような財源配分に起因する依存をめぐる対立状況をいち早く解消するしかない。つまり、福祉財源を拡充し、たとえば親の依存には障害者がケアのコントロール権をもつＰＡ（パーソナルシスタンス）モデルにもとづく有償ダイレクトサービスを増やしていくなどである（Porter et al. 2020）。家庭という場を考えると、ヤングケアラーにどのようなサポートを付与しようが、家に戻ると自分の介護を要する家族がいるという状況がまず根本的に解消されるべきであろう。在宅での生活が継続できるようサービスを増やさなければ、子どもたちの社会的関係への参加、関係性の承認の機会ははく奪されたままである[6]。

そして等しく重要であるのは、経済資源の配分によりサービス提供者には十分な収入保障を確実にすることである。それでも親たちの疾病や障害の性質、ケア行為の範囲の認定の難しさ、ケアをめぐる多文化的理解ゆえに、子どもがサポートしなければならない各家庭の固有の状況が残余的に生起するとすれば、ニーズにあわせて子どもに必要なサポート体制を組む。これに尽きるのではないか。

【注】

1 日本ケアラー連盟ホームページ　http://www.aqua.ac/carersjapan/ycpj/index.html

2 ヤングケアラー概念は当事者からでてきたものではなく、調査者があてはめたもので、調査設計の問題もありエビデンスが弱い。障害者をめぐり是正されるべきは、①サービスの不足、②住環境の障壁、③教育・経済機会の不平等による貧困、④多文化的な配慮不足、⑤社会に根付くジェンダー意識と⑥社会からの偏見である。障害を持つ親は貧困に陥りやすいのは、教育で「自立」より「保護」の別ストリームゆえに就職のハードルが高いからである。また障害と疾病ゆえに日々の生活コストが高くなり、収入が低く抑えられたままだと自立生活が難しくなる。ヤングケアラー言説が現実性を帯びるとすれば経済的貧困家庭、単身家庭においてである。親をサポートする以外の選択肢がないと子どもたちが感じてしまい、実際に親の子どもへの依存度は高い。(Keith and Morris 1995)。

3　ヤングケアラー調査や政策は、多くのケアラー運動と子どもの権利の実践家に歓迎されているにもかかわらず、障害者の権利についての特定の論者から異議が申し立てられている。ヤングケアラーの調査方法に欠陥があるとされているが、批判側は、研究の選択が恣意的で、質的調査とは何かを理解できていない。ジェンダー・障害・経済状況が子どもがケアをする状況をつくると主張しているが、これも複雑な現実を反映していない決定論モデルに陥っている。批判側が矛先を向けるヤングケアラー概念は、研究からというよりメディアの描写に依拠している(Aldridge and Becker 1996)。

4　本章では深く立ち入ることはしないが、オルドリッジとベッカー(Aldridge and Becker 1996)は、トイレや入浴介助などプライベートな部分をタッチするといったことを除いて、子どもが家族員の世話をすることは否定的なことばかりではないとし、利他性、持続的なケアへのコミットメント、親との絆、といったポジティブな評価を忍ばせている。厚生労働省の報告書(厚生労働省 2021)もまた「家族のケアやお手伝いをすること自体は本来素晴らしい行為であるが、過度な負担により学業等に支障が生じたり、子どもらしい生活が送れなかったりすることが課題である点を理解した上で、『ヤングケアラー＝悪いこと』というメッセージとならないよう留意する必要がある」といったように両義的である。ヤングケアラー概念を批判する障害学のキースとモリス（Keith and Morris 1995）のほうが、子どもには福祉的役割を担わせないという点で一貫している。

5 付言すると、大人と子どもの対立だけでなく、この対立は、脆弱な子ども・若者たちのカテゴリー間でも起こりうることである。オルドリッジ（Aldridge 2018）は、ヤングケアラーの調査で民間団体が根拠の薄い大きな推計を出してくるのは、予算が削減されてきたなかで、脆弱な子どもや若者たちのカテゴリー間での争奪戦になっているからだと指摘する。

6 ヤングケアラーの苦境をインターセクショナリティからとらえようとするトルコの研究者、バサク・アカンは、低年齢は脆弱性の高いカテゴリーであるが、すべての子どもがケアを担うわけではなく、ジェンダーと階層のインターセクショナリティが従属的地位の決定要因であり、その隷属的な位置に押し込められなかでのアイデンティティ形成の困難に焦点をあてる。ここでも重要なのは、関係においてアイデンティティが承認されるに必要な、十分な経済的・社会的資源の必要性が指摘されていることである（Akkan 2019）。

第9章 ソーシャルハーム・アプローチの挑戦

日本の児童虐待問題への対策は、一九九〇年からはじまった民間の防止団体の設立、二〇〇〇年の児童虐待防止法の制定とその後の改正など、官民一体となった運動により、大きく進展してきた。この問題の認知度は高まり通告件数も統計を取り出した一九九〇年以降、毎年増えている。

他方で、このような日本の児童虐待問題の対策は、もともとは「個々の親のコントロール外の不運なこと」（Korbin 1981a）を親のコントロール下に置くように求め、親の過失や有責性を問うてきた過程としてみることもできる。最終章では、現行のリスク・アプローチから、ソーシャルハーム・アプローチへの転換を提唱する。

1　虐待の有責性をめぐる議論

まず、虐待と判定された親に有責性が帰属されていく仕組みを整理する。通告によって、子どもと離された親たちの経験、とくに母親が虐待の判定を受けることをどのように認識しているかについて、日本の児童虐待防止対策が準拠している米国やカナダなどを中心に研究がなされてきた（たとえば、Altman 2008, Sykes 2011, Wells 2011）。このような研究が重要であるのは、親子分離のあとに家族再統合プログラムへの参加が制度として設置されているシステムでは、養育者が虐待を認めるか否かが、決定的な意味をもつからである。そして、先行研究は、養育者が虐待の有責性を認めることが容易ではないことを示している。二つの点をあげて説明しよう。

（1）親というアイデンティティの否定

第一に、それは親のアイデンティティの完全な否定につながる。通告がなされ、公的機関が介入し、虐待と判定される。子育てがコミュニティの規範から逸脱していると正式に認定されてしまうのである。とくに「よい母親」であることを否定された女性は、公的機関への協力的姿勢が必要とされるところで、「敵意」や「不本意さ」を表に出すといったように自分にとって不利になる行動を取ってしまう。圧倒的多数の親は自分のアイデンティティの観点から、よい親だと自己認識する必要があるからである（Sykes 2011）。そこでソーシャルワーカーによって提示されるサービス計画は、自分の子育てのスキルを高めるためというより、子どもと一緒にいるために支払う代価だととらえられてしまう（Smith 2008）。

日本でも第5章の親のインタビューで示したように、児童相談所に通告が入り、子どもが一時保護される。まず一時保護に同意しなければ、子どもとの面会が遠のく。親が一時保護を受け入れやすい理由が提示されることもある。松木洋人（2020）の児童虐待相談所の現場の研究は、子どもの安全が確保されていないと判断された状況において、親の資格の問題化を最小限にとどめ、「虐待の事実を宙づり」し、「穏便なかたち」で一時保護の同意を親から取る方法を観察している（松木 2020）。言い換えれば、虐待する親というラベルは、それだけ親にとって認めにくいことなのである。

そして、その後、子どもが施設や里親への措置となった場合は、親の有責性に明確に焦点があてられる。親が児童相談所側の解釈を認めなければ、児童相談所は支援計画が立てにくく、家族再統合のプログラムも開始しにくい。実際、なんらかの家族再統合のプログラムを経ずに子どもを親元に返すことは難しい。親が弁護士に相談すると、子どもを一日でも早く家に戻したければ、児童相談所の説明に沿って、家族再統合にいち早くつなげてもらうことだとアドバイスされる。虐待等を認め、児童相談所の指導を受け入れているといったことが必要になる。

この過程で親にとって容易ではないのは、あるレベルで虐待の有責性を認めなければならないことに加えて、「強引な家庭引き取りを求めていない」ということを態度で示す必要があり、これも親であることの自己否定に作用する。とはいえ、引き取りを求めない態度を示すと、子どもへの愛情が不足している親であると判断されてしまい、そもそも子どもが帰ってくることはない。

さらに難しいのは、親はこれらの取引を、情報が不足している状態で行わなければならない点である。児童相談所の相談記録は、児童相談所が調査した家族の状況や家族とのやり取りが切り取られているが、これは親と共有されず、その内容を保護者は知る由がない。個人情報公開で請求しても、全部が開示されるわけではない。黒の塗りつぶし部分が多かったり、肝心なところが黒塗りで見えなくなっている。親は児童相談所で何が問題になっているかの

「本当の理由」は教えてもらえない。親がわかっているのは、虐待と判断されたことと、児童相談所には「親子分離が必要と判断する何か」があるだろうということだけである。

(2) 環境要因の自己責任化メカニズム

養育者が虐待を認めにくい第二の理由は、児童虐待の判定に環境的な問題が介在していることが多いからである。前述してきたように、児童虐待の判定には社会要因や経済環境要因が虐待リスクとしてすでに組み込まれている。親が虐待を認めることで、養育を難しくしている環境要因、たとえば失業、不安定な就労(非正規やシングルマザーの場合は男女間の賃金格差)、危険な住環境や保育サービスの不足などを自分の責任として引き受けさせられる仕組みになっている。

貧困状態と虐待とされる状態を区分することはそう簡単ではない(Pelton 2015)。米国では、虐待と経済階層別の全国調査の結果が定期的に出されており、世帯収入、貧困プログラムへの参加、親の学歴で測定された社会経済階層で、虐待は低い世帯において高い割合で発生していることが報告されている(Sedlak at al 2010)。また、ひとつの州のデータではあるが、虐待と判定された家庭で、子どもを家庭にとどめるか、家庭外に措置するかには、婚姻状況と社会経済階層が大きく関係している。シングルや未婚の親のほうが、世帯年収が一万ドル以下のほうが、また学歴が低いほうが、家庭外措置の割合が高くなっている（Marcenko et al 2011）。

これは今にはじまったことではなく、現に米国では長く「政府の援助なしで子育てができない親」から子どもを被虐待児として「保護」していた経緯がある。米国では一九〇九年に開催された第一回の「子どもたちのホワイトハウス会議」が「貧困の理由のみで」子どもが取り除かれることのないようにとの声明を高らかに謳ったが、それ以降も、一貫して貧しい家庭から子どもが多く家庭外に措置されてきた歴史があるのである（Pelton 1989）。

日本ではどうか。本書の第1章で、二〇世紀はじめ、一九七〇年代、一九九〇年代以降の三つの時期を取り出し、それぞれの時期の児童虐待問題の発見方法の特徴を検討してきた。しかし、各時期の相違にもかかわらず、以前も現在も経済困窮家族から子どもがより多く保護されている。

戦前の児童虐待防止法が対象にしていたのは、外で特殊業務につく子どもや乞食など、主に、通りなどの屋外にいる可視的な子どもであった。親子が互いに頼り合っている場合における児童労働を児童虐待防止法の取りしまりの対象とすることについては異論もあったにせよ、この時代の児童虐待の概念は、貧困と切り離せないものであったことには変わりない。

それに対して、一九七〇年代の児童虐待は、普通に見える身なりの親による一見しただけではわからない家庭内での身体的虐待が主なテーマであり、虐待が「あらゆる社会階層にわたっている」点が付言されていた。ただ、この児童虐待はすべての階層に遍く存在するとする遍在説であるが、それが当時の調査によって実証されたのか、というとそうではなさそうである。全国社会福祉協議会が、国際児童年の一九七九年、養護施設に入所している児童を対象にした虐待を含む養育者による人権侵害ケースの調査をおこなっているが、そこでは養育者による人権侵害は第一に生活困難に起因するものとしてとらえられていた（全国社会福祉協議会養護施設協議会編 1980）。一九八三年、日本児童問題調査会による全国の児童相談所を対象とした四一六票の虐待受理ケースの調査結果では、衝動的、乱暴、行動がだらしない、利己主義などの親の性格的な問題が指摘される一方で、「家族構成も、父親の職等も、家計も、家族問題も、そして相談先にも、恵まれないものが半ば～大部分で、めだっている。家族関係の複雑さや欠損、そして、不安定で余裕がなく、しかも孤立した家族が、めだつのである」（日本児童問題調査会 1983: 23）と経済的困難を指摘していた。被虐待児家族において実父母同居は二五％で、実父や継父がいる場合も就労状態は常勤が三八％で、日雇い・臨時・パートが二〇％、無職が二四％に及んだからである。もちろんこれは、小児科学の立場からすれば「バタード・チャイルド・シンドローム」が、小児科学の枠を超えて臨床医学の共通の知識になるのに時間を要し、医師や医療関係者が、親の説明に騙され、一見普通にみえる家庭での被虐待児症候群を見過ごしていたからだ、と抗弁されるかもしれない。

けれども、階層遍在説が証明されていないのは、一九九〇年代の「どの家庭に起こっても不思議ではない」「子どもを愛そうと思っても愛せない親」として児童虐待をとらえ始めた時期においても言えるのである。ケンペたちの被虐待児症候群が専門家たちの間に十分な認知を得たと思われる一九九六年に、『全国児童相談所における家庭内虐待調査』が実施されているが、「虐待につながると思われる家庭の状況」として「経済的困難」が四四・六％と最も高い（全国児童相談所長会 1997）。それ以後のより新しい調査については、虐待と経済困窮との関連は強まることはあっても、弱まってはいない。虐待と判定された家族における生活保護受給や市町村民税・所得税の非課税世帯の割合の高さは際だっている（山野 2006）。日本では、階層と関連させた児童虐待の全国調査結果は出されていないが、限られた研究や新聞報道などをみると、親の経済状況との強い関係が示されている（川松ほか 2017, 辻 2016）。

虐待と経済要因との今日的な結びつきは、上述したような「子どもの貧困」への地域社会の保護的、しかし虐待と結び付ける眼差しとシステム、リスクアセスメントに家庭の経済状況と関連するような項目が少なくないことと関連している。アセスメントには、借金、失業、ローンといった経済状況の指標となるものから、母子家庭、乱雑な室内、子どもを置いて外出などの家庭の経済状況と関係がありそうな項目が含まれている。とくに、今後、米国のように虐待ケースのなかにネグレクトの占める割合がさらに大きくなれば、経済的な問題をもつ家庭の子どもが児童虐待のリスクが高いゆえに、さらに多く保護されていくことになりかねない。

この懸念が杞憂ではないのは、近年では官民一体となった児童虐待の発見の取り組みが行われているが、ここに経済的に弱い家庭の子どもが混ざりやすいからである。貧困家庭を発見する、児童虐待を発見する、このふたつの眼差しは容易にオーバーラップする。その一例をあげよう。大阪府門真市は住民をまきこんで子どもの貧困を発見する試みがなされていることで知られている。ボランティアが使用する「見守りシート」に記載されているチェック項目は、同じ洗濯物が何日も干しっぱなし、玄関まわりや家の中が散らかっている、家が子どもたちのたまり場になっている、一人または子どもだけでスーパー・コンビニにいる、いつも登校時間を過ぎて通学している、夜遅くまで外にいる、子どもだけで外食している、近所・地域との付き合いをしない、など一四の項目で構成されている[1]。そして、この活動のホームページをみると、見守りシートは、虐待防止のアセスメントシートを転用したものであった。

保健所や児童相談所が、「子ども食堂」や「学習支援」、「居場所つくり」といった民間の活動と連携し、「気になる子ども」の情報を集約しようとする方向にある。無料の民間サービスの利用者は低経済階層の割合が高い。前章でみた、ネグレクトと関連づけられているヤングケアラーだけでなく、貧困家庭の子どもたちのストーリーも、被虐待児のストーリーとして実に簡単に読まれてしまうのである。

環境要因は狭義の経済だけではない。保育に欠く子どもや不登校の子どもやADHDなどの障害児が虐待リスクと位置づけられることで、これらが保育制度や学校制度の問題ではなく、家族が解決すべき問題とみなされ、解決できないのならば、児童虐待の恐れとして「見守られる」可能性があるのである。親の過失とされてしまうような子どもの怪我にいたっても、有責性を認めなければ面会制限を受け一時保護が長くなる、あるいは施設入所措置後に再統合プログラムに入れないというハードルは上述したとおりであるが、これも室内外の環境的要因やベビーシッターの利用困難地域といったことと関係している。

これらの社会環境要因を個人が自己責任として引き受けさせられるのが、第3章、第4章で述べたように、リスク社会の一特徴である（Beck 1986=1998）。犯罪被害や健康被害、失業、年金の運用、様々なことにおいて、リスクが知らされているにもかかわらず、回避できなかった場合、リスクの管理に失敗した個人に責任が帰させられる仕組みが始動している。親はいわゆるネオリベラルな主体となることが要請されているのである。

現行のリスクアセスメントの考え方は、虐待のリスクは個人が回避できるという前提であるから、自分の運命を変更できなかった、児童虐待の諸リスクをマネージできなかった、個人の心理的・性格的問題ならびに家族的な課題に注目がいってしまう。経済的なニーズのある家族に対して、経済援助ではなく、カウンセリングやセラピーを行うといった、ニーズとサービスの不一致も見事に正当化されていくのである。

「虐待をする親は、自分たちが抱えている問題を他人や社会など外部の責任に帰する傾向がある」（坂井 2005:18）といったように、子育てをする親は自分で何とかするべきであるという期待は高まる一方である。他方、経済不況と少子高齢化の危機下の社会保障の財源不足を自己責任への転嫁でかわそうとする政治の無策が問題にされることはない。家族は、経済不況による雇用不安定、生活保護行政や児童福祉行政の問題が顕在化する場であって、それらの原因ではないだろう。米国の社会学者ロバート・マートンのアノミー論の古典的な枠組み（Merton［1949］1957=1961）を援用すると、「子育ては家族で」という文化的目標は社会成員に平等に分配され、それを達成する手段は不平等に分配されたままという構図は変わっていないのである。

ドイツの社会学者ウルリッヒ・ベックは、リスクとの関連で近代を、第一次近代の階級社会と、第二次近代のリスク社会に区分している。ベックの議論は、第一次近代における貧困などのリスクは、ある地域や階層やグループに集中していたのに対して、第二次近代の環境リスクは、国境や階層を超えてすべての人々に平等に影響を及ぼす、とリスクの遍在性を強調するのが特徴である。しかし、ベックでさえも、第二次近代において環境リスクを回避する資源は所得の異なる層に平等には分配されてはいないことを補足している（Beck 1986=1998: 48-51）。経済的に余裕がある人たちは、ベビーシッターを雇い、延長保育を契約し、子育てをしやすい居住地や住宅を選び、子育ての負担を軽減させる様々な方法を試みることができる。第一次近代化の階級社会では労働組合が団体交渉を行い、国家が社会保障や福祉を通じて所得再配分を試みていたのが、第二の近代化のリスク社会では、人生のライフコース上の危機的出来事を緩衝してくれるはずの社会保障が変質してきたなか、第一次近代の失業や低賃金という遺物に対して、各人が自分の問題として積極的に対処することが求められてしまっているのである。

2　ソーシャルハーム・アプローチ

ところで児童保護の領域において実施されているリスクを発見するアプローチは、実施側が真の目的を伝えず、専門家の手の内をみせない方法である。しかし、ＳＮＳの普及もあり、乳児家庭全戸訪問事業での家庭訪問、母子手帳交付や様々な保健所の健診などの機会が、胎児や乳幼児の発達状況のみならず、親の虐待傾向をみるためのものであることは、いまや多くの親が知るところである。母親たちは、エジンバラうつ尺度の問診表に正直に回答したり、育児不安を保健師に相談したり、弱音を吐いたりするとどうなるのかの危惧や実際の経験をtwitterなどにあげている。機関への敵対的な態度が虐待のリスクとされているので、親は行政の施策に対して密かに対応せざるをえなくなる。援助者側と援助を受けるはずの親が、本来の意図や気持ちを隠して、互いに演じ合う関係へと変化している。リスク・アプローチの限界は、ここにおいても明らかである。

西洋社会と日本における児童虐待の発見とは、すべての親が「同じようによい親」であること、本章の冒頭で述べたように「個々の親のコントロール外の不運なこと」（Korbin 1981a）を親のコントロール下に置くべきだと要請されてきた過程である。その不運なことのコントロールの成否は家庭の経済的状況に大きく左右されるが、必ずしもそれだけに限定されないのは、第5章でとりあげた揺さぶられっ子症候群でも示されている。子どもの転倒などの「不慮の事故」は、どの家庭でも起こりうる。そしてそれが親の監督責任の問題、すなわちネグレクトとされてしまうのである。

この構図の歪みは、犯罪学のソーシャルハーム・アプローチによって浮かび上がらせることができる。ソーシャルハーム・アプローチは、犯罪学が刑法で問われるような個人の犯罪や逸脱を研究対象にして、ネオリベラルな国家体制や巨大企業のハーム（害）を放置してきたこと自体を問題にしたうえで、現存する権力構造に切り込むのである（山口 2019）。ソーシャルハーム・アプローチのもとで、年金運用や雇用政策の失敗から、貧困、環境破壊、差別、薬害、過労死・職場での事故、異性愛の強要など多くの事象が扱われている（Hillyard et al. ed. 2004）。

このアプローチからすると、子どもへのハームということで、個々の親による虐待に関心が集約されており、子どもたちが被っているであろう、様々な構造的、環境的な要因によるハームが軽視されている、ということになる（Parker 2004）。むろん、従来の犯罪学が扱ってきた個々の行為者によるハームは、被害者の人生を狂わせるものであり、親による子どもへの恐ろしい様々な行為も軽視されるべきではない。ただ、私たち、子どもや大人が経験している社会構造や環境要因に起因するハームは巨大であり、子どもの虐待死と分類される親の犯罪と比べても、小さいということはなく、家庭内の虐待も実際に多いのはメディアでの扱いがとても小さいネグレクトである（Parker 2004）。児童虐待が社会問題化している国々もまた、貧困や失業問題は解決からほど遠く、家庭内での児童虐待問題への対応を半世紀にわたって主導してきた米国に至ってはホームレス、失業問題、人種差別のみならず、医療保険にカバーされない人たちが一定の割合で存在する。一人当たりの国民所得が世界一に達した米国において、子どもの貧困率が最高位である実情が常態化しているのである（Nice 2011）。

日本においても子どもの貧困率の高さが際立っており、保育サービスも足りていない。子どもが被るこれらのハームは不正義である。にもかかわらず、国家の失政は等閑視され、市場経済の様々な帰結や社会保障の不整備は親が自分たちでコントロールすべきだとされ、それらを家族の虐待リスクとして位置づけて親の責任を問うのである。

本章でみてきた日本の児童虐待問題への現行の対応は、ソーシャルハーム・アプローチのパディ・ヒリヤードたち（Hillyard et al. 2004）が言うように、権利侵害の解決は多くの行為を犯罪化して取り締まり、犯罪司法システムのなかに入れ込むことだ、という信念を強固にする手助けと化しているのである。

3 経済と承認の社会的再配分

虐待する親から子どもを守るという主張は「よいこと」のようにみえる。しかし，この主張にもとづいた政策や実践に対しては、児童虐待の防止対策をもっとも先駆的に推し進めていた米国で、すでに一九七〇年代～八〇年代から批判的な議論が相次いだ。一九七〇年代半ば、児童虐待防止対策法の連邦議会の通過後、通告法のモデル法案の改訂についての公聴会で意見をもとめられたアラン・サスマンとステファン・コーエンは、食料・住居・医療の基本的に必要なものを適切に提供することなしには、強制的な通告の効果もあがらないだろうと警告した（Sussman and Cohen 1975）。広範な専門家たちと市民からの通告の奨励によって虐待を未然に防ぐ方法が有効であるには、まずなによりも社会保障の整備による、保育や医療保険などの基本的なサービス提供が前提とされなければならない（Lindsey 2004, Gil 1985,

Pelton 1989)。社会保障の充実が先であるという指摘である。

今、日本ではどうか。第5章でみた子どもの施設入所措置を経験した親たちへのインタビューでは、児童相談所の虐待ケースや保健所の見守りケースとなったことで唯一でよかったのは子どもを預かってもらえたことである、といった冗談のような現実があった。誰もが確保できる育児サービス、夜間保育の利用が難しい。その一方で、虐待や虐待の恐れと判定することで、乳児院や児童養護施設の措置利用だけでなく、子どもたちが認可保育所を利用しやすくなる。市町村が導入を始めている保育所のＡＩ入所選考も、そういうシステムになっている。福祉サービスの利用を確実にするためには、虐待や虐待の恐れと認定されなければならないような状況があるのである。ヤングケアラーもそうで、英国同様、ヤングケアラーとなることではじめて、子どもたちへのサービスが提供されるという方向になりそうである[2]。ヤングケアラーは、親のネグレクトと関連づけられる可能性までできた負の意味づけを伴うカテゴリー化である。予算獲得と対策の推移のために、新しい福祉カテゴリーを作り、対象者を被害者化する。そのためには被害者は弱者でかわいそうな人であり続けなければならない。制度的な負のアイデンティティのカードを抱えて、ときには一生をかけ自己承認をもとめ、克服しなければならないのである。児童虐待防止対策の場合は、防止を理由にして、被害者は次世代の「加害者」となるよう運命づけられる。被虐待歴はポイントが高いリスク要因だからである。

子どもの命を守ることで正当化されている虐待防止対策は、親の価値も子どもの価値もはく奪する過程となりうる。むしろ必要であるのは、包括的な福祉サービス、短時間労働で生活可能なベーシックインカムと十分な賃金という経済の再配分にもとづく承認の追加のほうである。経済と承認の社会的再配分は、堅田香緒里（2021）が言う現状の資本主義のあり方を批判したうえでの「パンとバラ」（お金も尊厳も）であり、桜井智恵子（2021）の言う「個人で生き延びろ」を徹底的に排した、「存在承認」である。

4　交渉の様式

では経済と承認の社会的再配分の対策を勝ち取るにはどういう道筋があるのか。

児童虐待防止法（二〇〇〇年）の制定を境に、様々なものを虐待リスクとして数えあげ、それを把握する政策が、保健所、学校、病院、保育園、家庭児童センター、児童相談所など、子どもの健康と福祉の基幹となる関係機関で進められてきた。しかし、筆者の周りの学生のなかには、児童相談所、保健所や家庭児童センターの機能やサービスは子育てに不可欠であるが、虐待リスクチェック表をみて、役所からこのような視線でみられ続けるのならば子どもは産まない、と言明する人たちがいる。支援サービスは必要であるが、それが虐待防止とパッケージされたり、虐待の疑いで監視される制度には、応じることができないというわけである。「健やか親子21（第二次）」[3]は、「妊娠期からの児童虐待対策」として、妊娠中から家庭環境におけるハイリスク要因を特定できる特定妊婦に焦点をあてている。二〇一六年の児童福祉法等の一部改正により、児童虐待の発生予防の観点から「保護者に監護させることが不適当であると認められる児童及びその保護者」だけでなく、「出産後の養育について出産前において支援を行うことがとくに必要と認められる妊婦（「特定妊婦」）」の市町村への情報提供が明記された（厚生労働省 2016）、産む性としての女性を、児童虐待との関連で行政が仔細にチェックし、ときには関係機関と情報を共有するシステムになっているのである。

特定妊婦として示されているのは、たとえば次のような状態である。厚生労働省のホームページにも掲載されている「妊娠期からの支援」（中板育美）では「妊娠・出産期のあるべき姿」とは、「身体的にも精神的にも最善の健康状態で母親として育児に備えることが可能な状況／状態」が「阻まれている（あるいは阻まれる可能性のある）状態はすべてハイリスクであり、要支援」とされている。[4]

政策的に「身体的にも精神的にも最善の健康状態」が設定され、女性たちは妊娠期と出産・育児期で虐待リスクの尺度に当てはめられ、そのリスクの高低という物差しで測られる。完璧な形で育児に備える、といった女性に無理を強いるような対策を妊婦や親たちが歓迎すると政策立案者が考えているとするならば、そこに保持されているジェンダー化された親の想定が正されなければならないのではないか。防止対策が念頭にあるのは、まずは「受け身」で「沈黙」し、公の政策の是非について主体性（エージェンシー）を発揮しない女性たちである（男性・父親がターゲット集団であれば同様の政策を進めることができただろうか）。

女性たちは児童虐待防止の関係機関とのやりとりにおいて問題のない妊婦や母親を「演じる」だけでなく、子どもを産み育てること自体を拒否するようになる。『弱者の武器』を著したジェイムス・スコットの抵抗の諸様式を参照すると、この場合、演じることは「偽装された無知」に該当し、子どもを産み育てることへの拒否は職場離脱の「逃避」となるだろう（Scott 1985）。再生産労働は、人口の再生産が納税・兵力と並ぶ国家の最重要事案であることを考えると、自分たちが子どもを育てやすい「安心できる育児環境」を獲得するためのもっともラディカルな交渉を導きだす可能性がある。ただし、これは当事者の人生経験を狭め、ときには耐えがたい痛みを伴う方法でもある。

では福祉の専門職はどうか。

英語圏での福祉の研究領域においては、自身の加害性の認識、つまり、福祉は民主主義的な資本主義国家の補完装置であり、補完装置で発揮される権力こそ、権力の本質的なものので、自分たちは権力機構の本質的一部分だといったような認識がある（Epstein 1999）。そして、福祉専門職の加害者性だけではなく、第4章第3節で言及したように、英語圏での福祉の領域においては、「自身の被害者性の認識」という側面に言及する議論がある。従来、ソーシャルワーカーは、自らの経験や見識をもとにケースバイケースの判断で対応していたが、リスクアセスメントの導入は、そうした個々のワーカーの力量を不要のものにした。ワーカーの仕事はアセスメント項目に従ってチェックすることであり、その後の対応も標準化、マニュアル化されている。自分たちがこれまで培った援助技法のノウハウや経験が無用なものとされ、ソーシャルワーカーの技能レベルは低落した（Ferguson and Lavalette 2006, Webb 2006）。専門家であることとリスクアセスメントが使えることとが等値されてしまった（Stanley 2018）。さらに、ソーシャルワーカーは、国家権力の翻訳者（Pollack 2010）として機能することが求められ、単なる官僚的機構のマネージャーとして再構成されてしまった

(Ferguson and Lavalette 2006, Howe 1992, Parton and O' Byrne 2000, Webb 2006)。

現在、ネオリベラリズムの政治体制の影響を受けていない国を探すのは難しいとされる (Ferguson and Lavalette 2006)。第5章の冒頭で記したギルバートらの児童虐待対応の九か国の国際分類 (Gilbert ed. 1997) においても、その四年後の二〇一一年の一〇か国改訂版 (Gilbert et al. 2011) では、調査対象になった国において、児童保護志向が強まっており、その主要な一因としてネオリベラリズムによる旧来の福祉国家の弱体化による自己責任論の強化が指摘されている。

ネオリベラル福祉国家による「社会問題の個人化」は、社会問題の責任を利用者に押し付けるだけでなく、現場の機関、現場で対応にあたるソーシャルワーカーに政府の責任を転嫁させ、ソーシャルワーカーを責任主体としてきた過程でもある (Pollack and Rossiter 2010)。児童虐待の現場におけるリスク概念の使用も、政府が利用者や現場にリスクの責任を帰属させることで、リスクを回避する仕掛けになっていた (Kemshall 2001, Pollack and Rossiter 2010)。現場が傷を負い、政策決定をする政府は無傷である。こうした状況分析は社会福祉の人たちに、「自身の被害者性」を強烈に認識させることになる。

ソーシャルワーカーによる自らの被害性を強く認識させたネオリベラリズム批判は、オーストラリア、米国、英国、カナダなどで「抵抗するソーシャルワーカー」の運動と連携している（Ferguson and Lavalette 2006）。リスクの行動をマネージする標準化されたテクノロジー、そしてネオリベラリズムというものへの抵抗を、個々のソーシャルワーカーに呼びかけるのである。その抵抗の様々なスペースや形態についてはジョン・ワラスとボブ・ピーズ（Wallace and Pease 2011）に詳しいが、ソーシャルワークの「ソーシャル」の部分は、利用者にとっての「社会変革」や「社会正義」だけなく、社会の制度に手足を縛られてきた自分たち自身のための改革だという意味付与がなされている。このことは、ソーシャルワーカーと利用者という二分法を乗り越える契機にもなる。この「社会福祉の危機」において、利用者との協働作用が、専門家にとってより切実なものとして立ち上がってきたからである。マルコム・ペイネ（Payne 1999）は、ソーシャルワーカーは、利用者の援助といったことだけでなく、自分がどのようなパートを演じさせられているのかを常に自覚し、利用者と協働した社会的な変革への積極的なかかわりを動機づけられる必要があるという。英語圏での福祉の領域におけるこれらの議論は、利用者だけでなくソーシャルワーカーの被害者性を前面に出すことで、議論の刃を自らの実践の手足を縛るソーシャルハーム、つまりネオリベラルな社会制度により明確に定めてきたと言える。

日本のソーシャルワークはどうか。本書でみてきた「児童虐待リスク」は、ＡＩリスクアセスメントの導入による関係機関での情報共有が厚生労働省で決定している。二〇一九年から厚生労働省や総務省の官民一体の助成研究がはじまり、保健所と児童相談所で利用が検討され、開発した民間業者がシステムの販売シェアに食い込もうとしている。ＡＩの目的は、効率化と低コストであり、人件費抑制とソーシャルワークの脱スキル化のネオリベラル福祉の方向をなぞるものである。ソーシャルワークとは何か、その専門性とは何かについて論議された社会福祉士・精神保健福祉士の国家資格化から三六年もの年月を経た今、日本で議論が深められていくことが望まれる。

5　揺さぶられっ子症候群への異議申し立て活動

最後に、「いまここ」の緊急の課題に対応すべく、一枚岩にみえた児童虐待問題のたてられ方に風穴をあけた対抗クレイム活動をみていこう。揺さぶられっ子症候群をめぐる異議申し立てである。

乳児を激しく揺さぶり脳に損傷を与えるとされる揺さぶられっ子症候群（Shaken Baby

Syndrome, SBS）理論とは、硬膜下血種、網膜出血、脳浮腫の三徴候があった場合、SBSである可能性が極めて高いと診断する考えである。笹倉香奈によると、欧米から日本にSBSが紹介されたのは一九九〇年代の前半である。当初は子どもを乱暴に扱うことへの危険性の警告という形で紹介されていたのが、その後、児童虐待防止運動の関心の高まり、虐待問題に関心のある医師たちの熱心な活動で、虐待判定や診断に用いられ、日本の児童保護の現場に必須の医学診断だとして定着した（笹倉 2020）。SBSの知識について妊婦健診の場面などで啓発活動がなされ、児童相談所ではSBSを理由に一時保護や、その後の親子分離の判定がなされるようになった。しかし、SBSに関しては、すでにこの理論が導入されていた国々で批判が相次ぎ、医学の中からも異論が出されていたとされる。この理論が科学的検証に耐えるものであるかについて、欧米では大きな論争になっていた（Squier 2019）。

たとえば、二〇一四年にスウェーデン最高裁判所が子どもを揺さぶったとの嫌疑をかけれた親の裁判で「一般論としては、暴力的なゆさぶりの診断についての科学的な証拠は不確実」という判断を下している。[5] その後、スウェーデン政府機関の検証チームが、「三徴候による外傷性揺さぶりの診断に科学的エビデンスがあるかどうか」という観点から医学論文を精査し、ほぼすべてに科学論文として致命的な欠陥があることを指摘している。つまり、スウェーデンの検証チームは二〇一三年から二年半をかけて「三徴候」の診断上の特異性に関し系統的な文献レビューを実施したのである。それは、理論のもとになる医学論文を精査し、「三徴候（網膜血腫、硬膜下血腫、脳障害）が外傷性の揺さぶり（のみ）によるものだと主張することの確実性」を検討するものであった。検証は次の手順でなされた。（1）まずデータベースからキーワード検索で三七七三論文の要旨を取得した。（2）そのうち二七一四の要旨はSBSとは関連性がなかった。新しく六本のSBS論文を手作業で付け加えた。（3）合計一〇六五件の文献に対して全文を精査したところ、うち一〇三五の文献は包摂基準を満たさず除外され、三〇文献が包摂を満たしていると判断された。（4）しかし、これら三〇本の論文は、低程度の質（三徴候の診断の正確性を評価する科学的エビデンスは不十分）が二八件、中程度の質（科学的エビデンスが限定的）が二件で、高程度の質と判定された論文は確認できなかった。多くの論文が「SBS事案発生はしばしば三徴候にもとづいている。それらの事案には、網膜血腫、硬膜下血腫、脳障害がある」といったような循環論法になっており、これらの研究が引用している元論文もまた循環論法が使用されている。これらのことから、SBS論文は科学論文として致命的な欠陥を有すると結論づけられたのである（Eriksson 2019）。

このような海外のSBS批判の動向を日本に体系的に紹介してきたのが、医学、法学の専門家たちを中心に結成された『SBS検証プロジェクト』（共同代表：笹倉香奈 甲南大学法学部、秋田真志 大阪弁護士会）である。SBSは頭部の外傷であるがゆえに、他の種別の児童虐待よりも医師の診断に全面的に依拠した刑事訴追がされやすい。SBSの認定は、事故現場を目撃していない医師が、病気や不慮の事故の可能性を排除したかたちでまず虐待を疑い議論の余地があるSBSを診断し、それを児童相談所が判定し、そして場合によっては警察・検察が養育者を逮捕・起訴する、という一連の行為からなっている。笹倉によると、そこには次のような因果関係が指摘されている。まず、①SBS理論が啓発活動によって一般的に広く信じられるようになった。②公的機関からだされたガイドラインでさえ三徴候でSBSとしている。③現場の医師もそのように訓練・指導されてきている。④診断が三徴候にもとづくものになってきた。⑤それに依拠して警察・検察も捜査・訴追をしてきた。そしてこの因果関係の全体に正当性を付与しているのが、以下の厚生労働省の記述である。[6]

厚生労働省の児童虐待の『子ども虐待対応の手引き』や、『子ども虐待対応・医学診断ガイド』は、病気、乳幼児の転倒事故や低位の落下による診断の可能性を排除し、三徴候で「SBSをまず疑うよう」に現場に指示をしている（藤原 2019, 西本・藤原編 2018）。この排除されている可能性がある診断名は、中村I型のことである。すでに一九六〇年代につかまり立ちから後方に転倒して頭を床にぶつけるなど日常的な衝撃で硬膜下血種が起こる医学症例が報告されており、報告者のひとり、中村紀夫の名前から「中村I型血種」と呼ばれている（笹倉 2020）。

この日本のSBS検証プロジェクトは、上記のスウェーデン政府機関の検証チームのメンバーなどを日本に招聘した国際シンポジウムやセミナーを主催・共催し、揺さぶられっ子症候群をめぐる異なる立場の専門家や関係者が討議できる場を提供している。SBS／AHTの当事者家族の会と連携した裁判の支援、国会議員への説明も、活動の不可欠な部分をなしている。

この活動はメディアの強い関与によって特徴づけられている。関西テレビは子どもの命を守る「正義」が暴走しやすいことを、揺さぶられっ子症候群の一連の報道で追いかけた。取材班は、SBS判定で起訴された親や祖母たち、養育者側につく弁護士、虐待専門医の側、SBS検証プロジェクトのメンバーの活動に対して取材を重ね、SBSは医学の「理論」とされるが、医学的根拠があるのかという根本にかかわる問題に関して、医学や司法の専門的な議論や海外での見直しの動きをニュース番組やドキュメンタリー番組で報じてきた[7]。

これらのＳＢＳをめぐる異議申し立て活動は、起訴されたケースのなかでの有罪率が九九％以上の日本の刑事裁判において、無罪判決がＳＢＳの裁判で相次いでいることからも、「子どもの命を救う」という反論されにくい主張を盾にした児童虐待問題の構築のされ方の問題性を明示する結果になった。

本書でみてきた虐待リスクについては、リスクアセスメントがまずは英語圏で、それから日本で急速に普及したのは、その見せかけの科学性と、「問題のある家族」を効率よく名指しし、しかもその危険度を数値で示す性能にあった。厚生労働省と児童虐待にかかわる現場では「問題のある家族」に対して関係機関の情報共有の徹底が目指され、ＡＩ化したリスクアセスメントがいま導入されようとしている。この状況は、家族をめぐるアカデミックの場で「多様化」や「個人化」の言説がここ三〇年にわたって席巻し、そこには差異の文化的承認の議論が基調にあったことに照らすと、特筆されるべきである。この家族の多様化論においても、児童虐待の問題は「例外」として扱われてきたようにみえるからである。児童虐待防止の行政で、差異をリスクとする子育て家族の「科学的」な標準化が進んでいる現状と、学術の場での差異を称揚する多様な家族についての言説。この二つの路線は現状ではまだ交わっていない。

ここから一歩進めるには、児童虐待リスク項目として何が「正式に」ＡＩリスクアセスメントに含まれることになったのか、根拠とされる仮説や統計はなにか、その元になっている虐待リスク研究論文に客観性はあるのか——たとえばスウェーデン政府機関の検証チームの手法に倣って——体系的に検証していく作業が不可欠ではないだろうか。

【注】

1　二〇一八年一〇月四日朝日新聞「子どもの貧困、市民が見つける　市に連絡・登校支援　広がる「門真モデル」」

2　厚生労働省「ヤングケアラーの支援に向けた福祉・介護・医療・教育の連携プロジェクトチーム」会議議事録　https://www.mhlw.go.jp/stf/shingi/young-carer-pt.html

3　健やか親子21（第二次）ホームページ　http://sukoyaka21.jp/about

4　「妊娠期からの支援」公益社団法人日本看護協会常任理事 中板育美　https://www.mhlw.go.jp/file/05-Shingikai-12601000-Seisakutoukatsukan-Sanjikanshitsu_Shakaihoshoutantou/0000060835_6.pdf

5　スウェーデン最高裁判所判決〈翻訳：秋田真志・笹倉香奈〉（事件番号　B3438-12、事件名

重暴行被告事件）

6　ＳＢＳ検証プロジェクトの笹倉香奈氏による。（二〇二一年九月一〇日）

7　関西テレビで初期になされた報道として以下の三つをあげておく。報道ランナー特集『検証・揺さぶられっ子症候群』（二〇一八年一月三一日放送）、『ザ・ドキュメント　ふたつの正義　検証・揺さぶられっ子症候群』（二〇一八年五月二七日放送）、報道ランナー特集『背景に何が？虐待疑われ引き裂かれた親子』（二〇一八年一〇月一八日放送）。

あとがき

私は母が四〇歳のときに生まれた双子のひとりである。未熟児で、幼少期に大やけどをしている。家族六人が暮らす家の中は乱雑だったが、昭和三〇年～四〇年代では普通の光景であった。もし、当時に現在のような児童虐待防止対策が実施されていれば、高齢出産、多胎児、未熟児、乱雑な室内で、保育所の健診等の際に、虐待リスクにチェックがつきハイリスクに分類されていただろう。病院からやけどで児童相談所に通告され、気弱な母親はつぶれてしまったのではないか。そもそも虐待を疑われることを恐れ、私を病院に連れて行かなかったかもしれない。そんなことをあれこれ考えつつ、本書を書き進めてきた。

本書の内容はすべて私が責任を負うものである。しかし、執筆過程で、実に多くの方たちからご指導やご意見をいただいたのも事実である。

とくに研究グループ「桜遊会」のメンバーである、桜井智恵子さん（関西学院大学）、金井利之さん（東京大学）、山口毅さん（帝京大学）、堅田香緒里さん（法政大学）、伊藤書佳さん（編集者）は、すべての章で重要な意見を出してくださった。

大学院時代の学友の山本祥子さんは、長年にわたり私の原稿を細部にわたってお読みいただいており、本書も推敲の労を取ってくださった。

また、本書のいくつかの章では、徳島大学時代に同僚であった山口裕之さんに懇切丁寧な指導をいただいた。揺さぶられっ子症候群の「ＳＢＳ検証プロジェクト」の笹倉香奈さん（甲南大学）からも、関係する章でご指導を賜った。

生活書院の髙橋淳さんは、筆者を励まし続け、なんとか本にしてくださった。

人間関係はいまや「社会関係資本」だとされ、自慢できるものではなくなったが、この場を借りて心よりお礼を申し上げたい。

上野加代子

関連する初出原稿

（原稿はすべて修正のうえ、大きく改編しています）

上野加代子 2021「ヤングケアラーの批判的検討——イギリスの議論を参照して」教育文化総合研究所『文化と教育』季刊フォーラム』印刷中

上野加代子 2020「リスク・アプローチからソーシャルハーム・アプローチへ——児童虐待問題と有責性」『こころの科学』Human Special Issue, 60-68.

上野加代子 2020「多文化社会と児童虐待問題」日本家政学会家族関係部会『家族関係学』39: 5-13.

上野加代子 2017「福祉の研究領域における構築主義の展開」日本社会学会『社会学評論』68（1）: 70-86.

上野加代子 2017「児童虐待防止対策の課題——子どもが一時保護になった親の経験から」人口問題研究所『社会保障研究』2（2・3）: 263-278.

上野加代子 2016「『児童福祉から児童保護へ』の陥穽——ネオリベラルなリスク社会と児童虐待問題」日本犯罪社会学会『犯罪社会学研究』41: 62-78.

上野加代子 2007「児童虐待——リスク・ジェンダー・階層」『季刊家計経済研究』73: 33-41.

上野加代子 2006「リスク社会における児童虐待——心理と保険数理のハイブリッド統治」日本犯罪社会学会『犯罪社会学研究』31: 22-37.

上野加代子 2006「児童虐待の発見方法の変化——日本のケース」上野加代子編『児童虐待のポリティクス』明石書店 245-273.

2019年7月15日，教育文化総合研究所．
山室軍平，1922,「児童虐待の事実とその防止運動」『婦人之友』（山室武甫編，1952,『社會事業及社會問題』山室軍平選集第6巻：545-550再録）．
————，1934,「児童虐待の事実と救世軍」『救世済人』（山室武甫編，1952,『社會事業及社會問題』山室軍平選集第6巻：551-555再録）．
山野良一，2006,「児童虐待は「こころ」の問題か」上野加代子編『児童虐待のポリティクス——「こころ」の問題から「社会」の問題へ』明石書店，53-99.
柳川敏彦・中村安秀，2005,「わが国で生活する外国人における問題とその援助（特集 児童虐待をめぐって）」『小児科診療』68（2）：327-335.
吉岡京子・笠 真由美・神保宏子・鎌倉由起・齋藤夕子・大熊陽子・大屋成子・平林義弘・黒田眞理子，2016,「産後児童虐待の可能性の高いと保健師が判断した特定妊婦の特徴とその関連要因の解明」『日本公衆衛生看護学会誌』5（1）：66-74.
全国児童相談所長会，1997,「『全国児童相談所における家庭内虐待調査』結果報告書」『全児相』通巻62号別冊.
全国社会福祉協議会養護施設協議会編，1980,『親権と子どもの人権』全国社会福祉協議会.

明治学院大学 .
上野加代子 , 1996,『児童虐待の社会学』世界思想社.
———, 2007,「児童虐待——リスク・ジェンダー・階層」『季刊家計経済研究』73: 33-41.
上野加代子・野村知二 , 2003,『〈児童虐待〉の構築——捕獲される家族』世界思想社 .
Wagatsuma, Hiroshi, 1981, "Child Abandonment and Infanticide: A Japanese Case" Jill E. Korbin (ed.) , *Child Abuse and Neglect: Cross-Cultural Perspectives*, Berkeley: University of California Press, 120-138.
Vyvey, Eline, Rudi Roose, Lieselot De Wilde and Griet Roets, 2014, "Dealing with Risk in Child and Family Social Work: From an Anxious to a Reflexive Professional? " *Social Sciences* 3: 758-770.
Wald, Michael S. and Maria Woolverton, 1990, "Risk Assessment: theEmperor' s New Cloths?" *Child Welfare: Journal of Policy, Practice, and Program* 69 (6) : 483-511
Walklate, Sandra and Gabriel Mythen, 2010, "Agency, Reflexivity and Risk: Cosmopolitan, Neurotic or Prudential Citizen?" *British Journal of Sociology* 61 (1) : 45-62.
Wallace, John and Bob Pease, 2011, "Neoliberalism and Australian Social Work: Accommodation or Resistance?" *Journal of Social Work* 11: 132–42.
Warren, Janet and Anglia Ruskin, 2008, "Young Carers: Still 'Hidden' After All These Years?" *Research, Policy and Planning* 26 (1) : 45-56.
Webb, Stephen, 2006, *Social Work in a Risk Society: Social and Political Perspectives*, New York: Palgrave Macmillan, Kindle.
White, Angela and Peter Walsh, 2006, *Risk Assessment in Child Welfare, An Issues Paper*, Centre for Parenting & Research, Funding & Business Analysis Division, Ashfield: NSW Department of Community Services.
Wells, Kathleen 2011, "A Narrative Analysis of One Mother' s Story of Child Custody Loss and Regain" *Children and Youth Services Review* 33 (3) : 439-447.
Woolley, Paul V., Jr. and William A. Evans, Jr., 1955, "Significance of Skeletal Lesions in Infants Resembling Those of Traumatic Origin" *Journal of American Medical Association*, 158 (7) : 539-543.
山形県 , 2010,『児童虐待相談事例調査分析報告書（平成 21 年度児童虐待対策専門性強化事業）』山形県子ども政策室子ども家庭課 .
山口毅 , 2019,「ソーシャル・ハームとリスク・教育」『リスク社会と子どもの人権研究会』

Sussman, Alan and Stephan J. Cohen, 1975, *Reporting Child Abuse and Neglect: Guidelines for Legislation*, Cambridge, MA: Ballinger Publishing Company.
諏訪城三, 1975,「被虐待児症候群」『小児科』16 (4) : 449-459.
Swift, Karen, 1995, *Manufacturing 'Bad Mothers': A Critical Perspective on Child Neglect*, Toronto: University of Toronto Press.
Sykes, Jennifer, 2011, "Negotiating Stigma: Understanding Mothers' Responses to Accusations of Child Neglect" *Children and Youth Services Review* 33 (3) : 448-456.
立原幸未・金山美枝子, 2016,「事例松江市の取り組み　妊娠届出時から始まる保健師による一貫した支援」『保健師ジャーナル』72 (1) : 27-33.
高屋豪瑩・猪俣賢一郎・伊藤順道, 1974,「長期にわたって生存したBattered Child Syndromeの1剖検例」『小児外科・内科』6: 784-789.
Thomas, Nigel, Timothy Stainton, Sonia Jackson, Wai Yee Cheung, Samantha Doubtfire and Amanda Webb, 2003, " 'Your Friends don' t Understand' : Invisibility and Unmet Need in the Lives of 'Young Cares' " *Child and Family Social Work* 8 (1) : 35-46.
東京府学務部社會課, 1939,『被虐待児保護概況』.
東京都南多摩保健所子どもの虐待プロジェクトチーム, 2003, 平成14年度　先駆的保健活動交流推進事業「保健所保健活動モデル事業」報告書『子どもの虐待予防活動の展開熟読本――保健師活動の原点を振り返る』日本看護協会.
東京都南多摩保健所プロジェクトチーム, 2002,『子どもの虐待予防スクリーニングシステム活用の手引き (第1版)』東京都南多摩保健所.
藤間公太, 2017,『代替養育の社会学――施設養護から〈脱家族化〉を問う』晃洋書房.
富田愛次郎, 1933,「児童虐待防止の話」児童養護協会編『児童を護る』児童養護協会 (上笙一郎編, 1995,『児童虐待防止法解義, 児童虐待防止法解説, 児童を護る』久山社, 23-31再録)
辻京子, 2015,「児童虐待リスクとしての母子家庭――社会的排除とジェンダーの視点」『地域科学研究』45 (1) : 61-71.
――――, 2016,「児童虐待と経済階層の関連――A児童相談所の虐待相談受理データからの考察」『臨床心理学研究』53 (2) : 66-79.
辻京子・上野加代子, 2019,「児童虐待防止対策におけるupstreamアプローチの重要性――虐待と認定されたシングルマザーへのインタビューから」第17回福祉社会学会大会,

pdf_jan2010.pdf
Silverman, Frederic N., 1953, "The Roentgen Manifestations of Unrecognized Skeletal Trauma in Infants" *American Journal of Roentgenology* 69 (3) : 413-427.
下村宏，1933,「非常時より見たる児童擁護」児童養護協会編『児童を護る』児童養護協会（上笙一郎編，1995,『児童虐待防止法解義，児童虐待防止法解説，児童を護る』久山社，7-12 再録）
Simon, Jonathan, 1987, "The Emergence of a Risk Society: Insurance, Law, and the State" *Socialist Review* 95: 61-89.
———, 1988, "The Ideological Effects of Actuarial Practices" *Law and Society Review* 22: 772-800.
Smith, Anna Marie, 2010, "Neo-eugenics: A Feminist Critique of Agamben" *Occasion: Interdisciplinary Studies in the Humanities* 2: 1-12.
Smith, Brenda D. 2008, "Child Welfare Service Plan Compliance: Perceptions of Parents and Caseworkers" *Families in Society* 89: 521-532.
Squier, Waney, 2019,「揺さぶられっ子症候群——ある病理学者の視点から」日本弁護士連合会主催『国際シンポジウム・揺さぶられっ子症候群（SBS）を知っていますか』2019年2月16日弁護士会館．
Stanford, Sonya, 2010, " 'Speaking Back' to Fear: Responding to the Moral Dilemmas of Risk in Social Work Practice" *British Journal of Social Work* 40 (4) : 1065-1080.
Stanley, Janet and Christopher Goddard, 1993, "The Effect of Child Abuse and Other Family Violence on the Child Protection Worker and Case Management" *Australian Social Work* 46 (3) : 3-10.
Stanley, Tony, 2018, "The Relevance of Risk Work Theory to Practice: The Case of Statutory Social Work and the Risk of Radicalisation in the UK (Editorial)" *Health, Risk & Society* 20 (1-2) : 104-112.
Stanley, Tony and Surinder Guru, 2015, "Childhood Radicalisation Risk: An Emerging Practice Issue" *Practice: Social Work in Action* 27 (5) : 353-366.
Strega, Susan, 2009, "Anti-oppressive Approaches to Assessment: Risk Assessment and File Recording" Jeannine Carriere and Susan Strega (eds.) , *Walking This Path Together: Anti-Racist and Anti-Oppressive Child Welfare Practice*, Halifax: Fernwood Publishing, 142-57.

Vern Bengtson, Alan Acock, Katherine Allen, Peggye Dilworth-Anderson and David Klein (eds.), *Sourcebook of Family Theories and Methods: An Interactive Approach*, London: Sage Publications, 552-555.

————, 2005, *Fixing Families: Parents, Power, and the Child Welfare System*, New York: Routledge.

Reisig, Jennifer A. and Monica K. Miller, 2009, "How the Social Construction of 'Child Abuse' Affect Immigrant Parents: Policy Changes That Protect Children and Families" *International Journal of Social Inquiry* 2 (1): 17-37.

斎藤学, 1992,「精神科医からみた児童虐待」『法と民主主義』5月号, 3-5.

————, 1996,『アダルト・チルドレンと家族——心のなかの子どもを癒す』学陽書房.

坂井聖二, 2005,「身体的虐待の診断」

坂井聖二・奥山眞紀子, 井上登生（編）『子どもの虐待の臨床——医学的診断と対応』南山堂, 3-45

桜井智恵子, 2021,『教育は社会をどう変えたのか——個人化をもたらすリベラリズムの暴力』明石書店

三田谷啓, 1916,「誤れる児童教育」『読売新聞』1916年10月25日

————, 1917,「児童の虐待に就て」『慈善』8 (3) : 201-210.

笹倉香奈, 2020,「乳幼児揺さぶられ症候群（SBS）とその歴史」『医療判例解説』86: 2-11.

佐竹良夫, 1971,「小児の虐待—— battered child syndrome」『小児科診療』34 (2) : 213-218.

佐藤純一, 2013,「近代医学・近代医療とは何か」高草木光一・佐藤純一・山口研一郎・最首悟『思想としての「医学概論」——いま「いのち」とどう向き合うか』岩波書店, 73-150.

佐藤拓代, 2002,『子ども虐待防止のための保健師活動マニュアル——子どもに関わるすべての活動を虐待予防の視点に』平成13年度厚生科学研究補助金「子ども家庭総合研究事業　地域保健における子ども虐待の予防・早期発見・援助に係る研究報告書」.

Scott, James C., 1985, *Weapons of the Weak: Everyday Forms of Peasant Resistance*, New Haven: Yale University Press.

Sedlak, Andrea J., Jane Mettenburg, Monica Basena, Ian Petta, Karla McPherson, Angela Greene and Spencer Li, 2010, *Fourth National Incidence Study of Child Abuse and Neglect (NIS-4): Report to Congress, Executive Summary*, Washington, DC: U.S. Department of Health and Human Services, Administration for Children and Families, https://www.acf.hhs.gov/sites/default/files/documents/opre/nis4_report_congress_full_

and Surveillance Systems for Safeguarding and Promoting the Well-being of Children in England" Health, Risk and Society 12 (1) : 51-64.

Parton, Nigel, David Thorpe and Corrine Wattam, 1997, *Child Protection: Risk and the Moral Order*, Basingstoke: Macmillan Press.

Parton, Nigel and Patrick O' Byrne, 2000, *Constructive Social Work: Towards a New Practice*, Basingstoke: Palgrave MacMillan.

Paulsen, Monrad G., 1966, "Legal Protections Against Child Abuse" *Children*, 13 (2) : 43-48.

Payne, Malcolm, 1999, "Social Construction in Social Work and Social Action" Arja Jokinen, Kirsi Juhila and Tarja Poso (eds.), *Constructing Social Work Practices*, Aldershot: Ashgate, 25-65.

Pelton, Leroy, 1989, *For Reasons of Poverty: A Critical Analysis of the Public Child Welfare System in the United States*, New York: Praeger.

———, 2015, "The Continuing Role of Material Factors in Child Maltreatment and Placement" *Child Abuse and Neglect* 41: 30-30.

Pollack, Shoshana, 2000, "Reconceptualizing Women' s Agency and Empowerment Challenges to Self-Esteem Discourse and Women' s Lawbreaking" *Women & Criminal Justice* 12 (1) : 75-89.

———, 2010, "Labelling Clients "Risky" : Social Work and the Neo-Liberal Welfare State" *British Journal of Social Work*, 40 (4) : 1263-78.

Pollack, Shoshana and Amy Rossiter, 2010, "Neoliberalism and the Entrepreneurial Subject: Implications for Feminism and Social Work" *Canadian Social Work Review* 27 (2): 155-69.

Porter, Tom, Tom Shakespeare and Andrea St€ockl, 2020, "Performance Management: A Qualitative Study of Relational Boundaries in Personal Assistance" *Sociology of Health & Illness* 42 (1) : 191–206.

Price-Robertson, Rhys and Leah Bromfield, 2011, "Risk Assessment in Child Protection" *National Child Protection Clearinghouse*, Resource Sheet, April 1.

Raman, Shanti and Deborah Hordes, 2012, "Cultural Issues in Child Maltreatment" *Journal of Paediatric and Public Health* 48: 30-37.

Reich, Jennifer, 2004, "Spotlight on Methods: Investigating Child Abuse Investigations"

Geisler and Gayatri A. Menon (eds.), *Accumulating Insecurity: Violence and Dispossession in the Making of Everyday Life* (Geographies of Justice and Social Transformation Ser., 9), University of Georgia Press, Kindle.

日本弁護士連合会, 2010,「日弁連総第 81 号 勧告書」2010 年 12 月 9 日 https://www.nichibenren.or.jp/library/ja/opinion/hr_case/data/101209.

日本児童問題調査会, 1983,『児童虐待――昭和 58 年度・全国児童相談所における家族内児童虐待調査を中心として』委託調査(児童虐待調査研究会)報告書.

日本検察学会, 1933,『児童虐待防止法解義』立興社.

日本子ども家庭総合研究所編, 2001,『厚生省　子ども虐待対応の手引き――平成 12 年 11 月改訂版』有斐閣.

――――, 2005,『子ども虐待対応の手引き――平成 17 年 3 月 25 日改訂版』有斐閣.

西本博・藤原一枝(編), 2018,『赤ちゃんが頭を打った、どうしよう!? 虐待を疑われないために知っておきたいこと』岩崎書店.

新田康郎・藤井肇・臼井明包, 1973,「被虐待児症候群について」『日本医事新報』2569: 7-12.

Olsen, Richard and Gillian Parker, 1997, "A Response to Aldridge and Becker – 'Disability Rights and the Denial of Young Carers: The Dangers of Zero-sum Arguments'" *Critical Social Policy* 17: 125-33.

O' Malley, Pat, 1992, "Risk, Power and Crime Prevention" *Economy and Society* 21 (3): 252-75.

――――, 1998, "Introduction" Pat O' Malley (ed.), *Crime and the Risk Society*, Dartmouth: Ashgate, xi-xxv.

Parker, Ray, 2004, "Children and the Concept of Harm" Paddy Hillyard, Christina Pantazis, Steve Tombs and Dave Gordon (eds.), *Beyond Criminology: Taking Harm Seriously*, London: Pluto Press, Kindle.

Parton, Nigel, 1998, "Risk, Advanced Liberalism and Child Welfare: The Need to Rediscover Uncertainly and Ambiguity" *British Journal of Social Work* 28 (1): 5-28.

―――― 1999, "Reconfiguring Child Welfare Practices: Risk, Advanced Liberalism, and the Government of Freedom" Adrienne S. Chambon, Allan Irving, and Laura Epstein (eds.), *Reading Foucault for Social Work*, New York: Columbia University Press, 101-30.

――――, 2010, "From Dangerousness to Risk: The Growing Importance of Screening

(=1961, 森東吾・森好夫 . 金沢実・中島竜太郎訳『社会理論 と社会構造』みすず書房)
三島亜紀子 , 2005,『児童虐待と動物虐待』青弓社 .
三菱 UFJ リサーチ&コンサルティング, 2018,「一時保護された子どもの権利保障の実態等に関する調査研究報告書」平成 29 年度子ども・子育て支援推進調査研究事業 .
宮島喬 , 2013,「外国人の子どもにみる三重の剥奪状態」『大原社会問題研究所雑誌』 657: 3-18.
森田久美子 , 2020「ヤングケアラーの視点から考える 子ども虐待にならないための支援 (特集 つまずきが虐待にならないために : 精神保健福祉士の強みを活かす)」『精神保健福祉 = Japanese Journal of Psychiatric Social Work : JJPSW : 日本精神保健福祉士協会誌』51 (4) : 328-332.
Morris, Jenny, 1997, "A Response to Aldridge & Becker—Disability Rights and the Denial of Young Carers: The Dangers of Zero-sum Arguments" *Critical Social Policy*, 51 (17) : 133-135.
長畑正道 , 1974,「被虐待児症候群」『日本小児科学雑誌』78 (6) : 309-312.
内務省社會局 , 1933,『兒童虐待の事實に關する調査』.
内務省社會局社會部保護課 , 1929,『米国に於ける児童虐待防止事業』.
生江孝之 , 1909,「泰西に於ける救児事業」『慈善』1 (2) : 157-170.
――――, 1923,『児童と社会』(上笙一郎編 , 1995a,『日本〈子どもの権利〉叢書』久山社 , 再録)
Nap, Henk Herman, Renske Hoefman, Nynke de Jong, Lieke Lovink, Ludo Glimmerveen, Feylyn Lewis, Sara Santini, Barbara D' Amen, Marco Socci, Licia Boccaletti, Giulia Casu, Alessandra Manattini, Rosita Brolin, Karina Sirk, Valentina Hlebec, Tatjana Rakar, Tjasa Hudobivnik, Agnes Leu, Fabian Berger, Lennart Magnusson and Elizabeth Hanson, 2020, "The Awareness, Visibility and Support for Young Carers Across Europe: A Delphi Study" *BMC Health Services Research*,20: 921. https://doi.org/10.1186/s12913-020-05780-8.
Nelson, Barbara J., 1984, *Making an Issue of Child Abuse: Political Agenda Setting for Social Problems*, Chicago: University of Chicago Press.
Newman, Tony, 2002, "'Young Carers' and Disabled Parents: Time for a Change of Direction?" *Disability & Society*, 17 (6) : 613-625.
Nice, Julie A., 2011, "Poverty as an Everyday State of Exception" Shelley Feldman, Charles

厚生労働省, 2013,『子ども虐待対応の手引き(平成25年8月 改正版)』https://www.mhlw.go.jp/seisakunitsuite/bunya/kodomo/kodomo_kosodate/dv/dl/120502_11.pdf

――――, 2016,「要支援児童等(特定妊婦を含む)の情報提供に係る保健・医療・福祉・教育等の連携の一層の推進について」https://www.mhlw.go.jp/file/05-Shingikai-11901000-Koyoukintoujidoukateikyoku-Soumuka/0000146793.pdf

――――, 2020,『ヤングケアラーの実態に関する調査研究について』令和2年度 子ども・子育て支援推進調査研究事業、三菱UFJリサーチ&コンサルティング株式会社 https://www.mhlw.go.jp/content/11907000/000767891.pdf

――――, 2021,『ヤングケアラーの支援に向けた福祉・介護・医療・教育の 連携プロジェクトチーム報告』令和3年5月17日 ヤングケアラーの支援に向けた福 祉・介 護・医療・教 育 の連携プロジェクトチーム https://www.mhlw.go.jp/content/000780549.pdf

倉橋惣三, 1933,「いじめられる子」, 児童養護協会編『児童を護る』児童養護協会(上笙一郎編, 1995,『児童虐待防止法解義, 児童虐待防止法解説, 児童を護る』久山社, 13-23 再録).

Leu, Anges, Marianne Frech, Hannah Wepf, Joe Sempik, Stephen Joseph, Laura Helbling, Urs Moser, Saul Becker and Corinna Jung, 2019, "Counting Young Carers in Switzerland - A Study of Prevalence" *Children & Society* 33 (1) : 53-67.

Lindsey, Duncan, 2004, *The Welfare of Children*, New York: Oxford University Press.

Lupton, Deborah, 1999, *Risk*, London: Routledge.

Marcenko, Maureen O., Sandra J. Lyons and Mark Courtney, 2011, "Mothers' Experiences, Resources and Needs: The Context for Reunification"*Children and Youth Services Review*, 33(3): 431-438.

Margolin, Leslie, 1997, *Under the Cover of kindness: The Invention of Social Work*, Charlottesville and London: University Press of Virginia. (= 2003, 中河伸俊・上野加代子・足立佳美訳『ソーシャルワークの社会的構築――優しさの名のもとに』明石書店.)

松木洋人, 2020,「子どもの家庭からの切り離しへの対抗とその無効化――社会問題のワークとしての児童相談業務」国立社会保障人口問題研究所編『児童相談所の役割と課題――ケース記録から読み解く支援・連携・協働』東京大学出版会, 79-97.

Meredith H., 1991, "Young Carers: The Unacceptable Face of Community Care" *Social Work and Social Sciences Review*, 3 (suppl) : 47-51.

Merton, Robert K., [1949] 1957, *Social Theory and Social Structure*, New York: The Free Press.

Review 28 (6) : 704-714.
堅田香緒里 , 2021, 『生きるためのフェミニズム——パンとバラと反資本主義』タバブックス
川松亮・山野良一・田中恵子・根岸弓・山邊沙欧里 , 2017,『児童虐待に関する文献研究——子どもの貧困と虐待』(平成 28 年度研究報告書).
Keddell, Emily, 2015, "The Ethics of Predictive Risk Modelling in the Aotearoa/New Zealand Child Welfare Context: Child Abuse Prevention or Neo-Liberal Tool?" *Critical Social Policy* 35: 69-88.
Keith, Lois and Jenny Morris, 1995, "Easy Targets: A Disability Rights Perspective on the 'Children as Carers' Debate" *Critical Social Policy* 44/45: 36-57.
Kempe, C. Henry, Frederic N. Silverman, Brandt F. Steele, William Droegemueller, and Henry K. Silver, 1962, "The Battered-Child Syndrome" *Journal of the American Medical Association* 181 (1) : 17-24.
Kemshall, Hazel, 2001, *Risk, Social Policy and Welfare*, Buckingham: Open University Press.
———, 2010, "Risk Rationalities in Contemporary Social Work Policy and Practice" *British Journal of Social Work* 40 (4) : 1247-1262.
北野尚美・李錦純・中村安秀 , 2019,「児童虐待 : 予防と児童福祉の課題」『小児科診療』82 (3) : 387-393.
北山沙和子・石倉健二 , 2015,「ヤングケアラーについての実態調査——過剰な家庭内役割を担う中学生」『兵庫教育大学学校教育学研究』27: 25-29.
Kittay, Eva Feder, 1999, *Love's Labor: Essays on Women, Equality,* and Dependency, New York: Routledge. (=2010, 岡野八代・牟田和恵[訳]『愛の労働あるいは依存とケアの正義論』白澤社)
小林登 , 1972,「こどもを育てるとは〔育児学原論〕」『からだの科学』増刊 3: 2-9.
———, 1973,「幼児虐待社会——小児科学の立場から」『からだの科学』52 (7) : 12-17.
国立社会保障人口問題研究所編 , 2020,『児童相談所の役割と課題——ケース記録から読み解く支援・連携・協働』東京大学出版会.
Korbin, Jill E., 1981a, "Introduction" Jill E. Korbin (ed.) , *Child Abuse and Neglect: Cross-Cultural Perspectives*, Berkeley : University of California Press, 1-12.
———, 1981b, "Conclusions" Jill E. Korbin (ed.), *Child Abuse and Neglect: Cross-Cultural Perspectives*, Berkeley: University of California Press, 205-210.

橋本清, 1971,「最近における診断と治療の進歩——小児科」『日本医事新報』2444: 33-34.
橋本清, 1974,「被虐待児症候群」『小児科』15 (10) : 831-836.
橋本清, 1977,「被虐待児症候群」『小児科』特 6, 18 (12) : 1553-1557.
Hillyard, Paddy, Christina Pantazis, Steve Tombs and Dave Gordon (eds.), 2004, *Beyond Criminology: Taking Harm Seriously*, London: Pluto Press, Kindle.
————, 2004, "Introduction" Hillyard, Paddy, Christina Pantazis, Steve Tombs and Dave Gordon (eds.), *Beyond Criminology: Taking Harm Seriously*, London: Pluto Press, Kindle.
Howe, David, 1992, "Child Abuse and the Bureaucratization of Social Work" *The Sociological Review* 40 (3) : 491-508.
Howitt, Dennis, 1993, *Child Abuse Errors: When Good Intentions Go Wrong*, New Brunswick: Rutgers University Press.
Hyslop, Ian Kelvin, 2016, "Where to Social Work in a Brave New Neoliberal Aotearoa?" *Aotearoa New Zealand Social Work* 28 (1) : 5-12.
Hyslop, Ian and Emily Keddell, 2018, "Outing the Elephants: Exploring a New Paradigm for Child Protection Social Work" *Social Sciences* 7 (105) : 1-13.
池田由子, 1977,「児童虐待の問題について」,『精神医学』19 (9) : 4-20.
————, 1979,『児童虐待の病理と臨床』金剛出版.
石河久美子, 2012,『多文化ソーシャルワークの理論と実践——外国人支援者に求められるスキルと役割』明石書店.
伊藤康一郎, 2000,「リスク社会——保険数理化する犯罪統制」『宮澤浩一先生古稀祝賀論文集』第1巻, 成文堂, 135-150.
Jenkins, Sue and Candida, Wingate 1994, "Editorials: Who Cares for Young Carers?" *British Medical Journal* 308: 733-4.
児童虐待防止対策支援・治療研究会編, 2004,『子ども・家族への支援・治療をするために』日本児童福祉協会.
Johnson, Will, 2006, "The Risk Assessment Wars: A Commentary: Response to 'Evaluating the Effectiveness of Actuarial Risk Assessment Models' Donald Baumann, J. Randolph Law, Janess Sheets, Grant Reid, and J. Christopher Graham, Children and Youth Services Review 27 pp. 465–490" *Children and Youth Services*

Gillingham, Philip, 2006, "Risk Assessment in Child Protection: Problem Rather than Solution?" *Australian Social Work*, 59 (1) : 86-98.

Gillingham, Philip and Leah Bromfield, 2008, "Child Protection, Risk Assessment and Blame Ideology" Children Australia, 33 (1) : 18-24.

Gordon, Colin, 1991, "Governmental Rationality: An Introduction" Graham Burchell, Colin Gordon and Peter Miller (eds.) , *The Foucault Effect: Studies in Governmentality*, Chicago: University of Chicago Press, 1-51.

Griffiths, D. and F. J. Moynihan, 1963, "Multiple Epiphysical Infuries in Babies ('Battered Baby' Syndrome)" *British Medical Journal* 2: 1558-1561.

Hall, Christopher and Stef Slembrouck, 2011, "Categorisations of Child 'in Need' and Child 'in Need of Protection' and Implications for the Formulation of 'Deficit' Parenting" Christopher N. Candlin and Jonathan Crichton (eds) , *Discourses of Deficit*, Basingstoke: Palgrave Macmillan, 63-80.

Haney, Lynne, 2004, "Introduction: Gender, Welfare, and Sates of Punishment" *Social Politics* 11 (3) : 333-362.

Hannah-Moffat, Kelly, 1999, "Moral Agent or Actuarial Subject: Risk and Canadian Women's Imprisonment" *Theoretical Criminology* 3 (1) : 71-94.

Hannah-Moffat, Kelly and Pat O' Malley, 2007, "Gendered Risks: An Introduction" Kelly Hannah-Moffat and Pat O' Malley (eds.) , *Gendered Risks*. London: Routledge, Kindle.

原胤昭 , 1909,「兒童虐待防止事業」『慈善』(復刻版), 中央慈善協會 , 180-196.

原胤昭 , 1912,「余が免囚保護の実験」『人道』82: 6-7.

原胤昭 , 1922,「兒童虐待防止事業最初の試み」『社會事業』社會事業協會 , 72-79.

Hartman, Ann, 1990, "Editorial: Many Ways of Knowing" Social Work 35 (1) : 3-4.

———, 1991, "Editorial: Words Create Worlds" Social Work 36 (4) : 275-76.

———, 1992a, "Editorial: Enriching Our Profession's Narrative" Social Work 37(2) : 99–100.

———, 1992b. "Editorial: In Search of Subjugated Knowledge" Social Work 37 (6) : 483–84.

———, 1993, "Editorial: The Professional is Political" *Social Work* 38 (4) : 365-66.

田村俶［訳］『監獄の誕生——監視と処罰』新潮社.）
————，1976, *La Volonté de Savoir vol.1, Histoire de la Sexualité,* Paris: Gallimard.（= 1986, 渡辺守章訳『性の歴史 I——知への意志』新潮社.）
Freymond, Nancy and Gary Cameron（eds.），2006, *Towards Positive Systems of Child and Family Welfare: International Comparisons of Child Protection, Family Service, and Community Caring Systems,* Toronto: University of Toronto Press, Kindle.
藤野恵，1934,『児童虐待防止法解説』巌松堂書店（上笙一郎編，1995,『児童虐待防止法解義，児童虐待防止法解説、児童を護る』久山社，再録）
Furedi, Frank, 2007, "The Only Thing We Have to Fear is the 'Culture of Fear' Itself" *Spiked,* Wednesday 4 April.
古川孝順，1992,『子どもの権利』有斐閣.
藤原一枝，2019,『さらわれた赤ちゃん——児童虐待冤罪被害者たちが再び我が子を抱けるまで』幻冬舎.
Futterman, Michael, 2003, "Seeking a Standard: Reconciling Child Abuse and Condoned Child Rearing Practices Among Different Cultures" *University of Miami Inter-American Law Review,* 34（3）: 491-514.
Gambrill, Eileen and Aron Shlonsky, 2001, "The Need for Comprehensive Risk Management Systems in Child Welfare" *Children and Youth Services Review,* 23（1）: 79-107.
Giddens, Anthony, 1991, *Modernity and Self-Identity: Self and Society in the Late Modern Age,* Cambridge: Polity Press（=2005, 秋吉美都・安藤太郎・筒井淳也［訳］『モダニティと自己アイデンティティ——後期近代における自己と社会』ハーベスト社）
Gil, David G., 1985, "The United States Versus Child Abuse" Leroy H. Pelton（ed.），*The Social Context of Child Abuse and Neglect,* New York: Human Sciences Press, Inc., 291-324.
Gilbert, Neil（ed.），1997, *Combatting Child Abuse: International Perspectives and Trends,* New York: Oxford University Press.
Gilbert, Neil, Nigel Parton and Marit Skivenes, 2011, "Changing Patterns of Response and Emerging Orientations" Neil Gilbert, Nigel Parton and Marit Skivenes（eds.）*Child Protection Systems: International Trends and Orientations,* New York: Oxford Univ Press, 243-257. Kindle.

Cohen, Stanley, 1985, *Visions of Social Control: Crime, Punishment and Classification*, Cambridge: Polity Press.

Collins, Patricia Hill and Sirma Bilge, 2020, *Intersectionality*, Polity; 2nd edition, Kindle.

Department of Health and Social Security, Britain. Scottish Office; Great Britain. Welsh Office; Great Britain. Northern Ireland Department, 1981, *Growing Older*, London : Her Majesty' s State Office.

Dingwall, Robert, 1989, "Some Problems about Predicting Child Abuse and Neglect" Olive Stevenson（ed.）, *Child Abuse: Public Policy and Professional Practice*, Brighton: Wheatsheaf, 28-53.

Epstein, Laura, 1999, "The Culture of Social Work" Adrienne S. Chambon, Allan Irving and Laura Epstein（eds.）, *Reading Foucault for Social Work*, New York: Columbia University Press, 3-26.

Esping-Andersen, Gosta, 1999, *Social Foundations of Postindustrial Economies*, Oxford: Oxford University Press.（=2000, 渡辺雅男・渡辺景子［訳］『ポスト工業経済の社会的基礎――市場・福祉国家・家族の政治経済学』, 桜井書店）

Eriksson, Anders, 2019,「SBS/AHT 仮説を検証する――スウェーデン医療技術評価局（SBU）報告書とその後」、日本弁護士連合会主催『国際シンポジウム・揺さぶられっ子症候群（SBS）を知っていますか』2019 年 2 月 16 日弁護士会館 .

Ewald, François, 1991, "Insurance and Risk" Graham Burchell, Colin Gordon and Peter Miller（eds.）, *The Foucault Effect: Studies in Governmentality*, Chicago: University of Chicago Press. 197-210.

Feeley, Malcom M and Jonathan Simon, 1992, "The New Penology: Notes on the Emerging Strategy of Corrections and its Implications" *Criminology* 30: 449-74.

———, 1994, "Acuarial Justice: the Emerging New Criminal Law" David Nelken（ed.）, *The Futures of Criminology*, London: Sage, 173-201.

Ferguson, Iain and Michael Lavalette, 2006, "Globalization and Global Justice: Towards Social Work of Resistance" *International Social Work*, 49（3）: 309-18.

Firkins, Arthur S. and Christopher N. Candlin, 2011, " 'She is Not Coping' : Risk Assessment and Claims of Deficit in Social Work" Christopher N. Candlin and Jonathan Crichton（eds）, *Discourses of Deficit*, Basingstoke: Palgrave Macmillan, 81-98.

Foucault, Michel, 1975, *Surveiller et Punir: Naissance de la Prison*, Paris: Gallimard.（= 1977,

Baumann, Donald J. and J. Randolph Law, Janess Sheets, Grant Reid, J. and Christopher Graham, 2005, "Evaluating the Effectiveness of Actuarial Risk Assessment Model" *Children and Youth Services Review* 27 (5) : 465-490.

BBC, 2010, Number of Child Carers 'Four Times Previous Estimate' https://www.bbc.com/news/education-11757907

Beck, Ulrich, 1986, *Risikogesellschaft: Auf dem Weg in eine andere Moderne*, Frankfurt/M.: Suhrkamp. (=1998, 東廉・伊藤美登里［訳］『危険社会――新しい近代への道』法政大学出版局．)

Becker, Saul, 2007, "Global Perspectives on Children's Unpaid Caregiving in the Family Research and Policy on 'Young Carers' in the UK, Australia, the USA and Sub-Saharan Africa" *Global Social Policy* 7 (1) : 23-50.

Bilsborrow, Sandra, 1992, " 'You Grow Up Fast As Well…' : Young Carers on Merseyside" *Health & Social Care in the Community* 1 (5) : 315-318.

Breines, Wini and Linda Gordon, 1983, "The New Scholarship on Family Violence" *Signs* 8 (3) : 490-531.

Brown, Debra J., 2006, "Working the System: Rethinking the Institutionally Organized Role of Mothers and the Reduction of 'Risk` in Child Protection Work" *Social Problems* 53 (3) : 353-70.

Burchell, Graham, Colin Gordon and Peter Miller (eds.) , 1991, *The Foucault Effect: Studies in Governmentality*, Chicago: University of Chicago Press.

Caffey, John, 1946, "Multiple Fractures in the Long Bones of Infants Suffering from Chronic Subdural Hematoma" *American Journal of Roentgenology, Radium Therapy, and Nuclear Medicine* 56 (2) : 163-173.

――――, 1957, "Some Traumatic Lesions in Growing Bones Other than Fractures and Dislocations: Clinical and Radiological Features" *The British Journal of Radiology*, 30 (353) : 225-238.

Castel, Robert, 1991, "From Dangerousness to Risk" Graham Burchell, Colin Gordon and Peter Miller (eds.) , *The Foucault Effect: Studies in Governmentality*, Chicago: University of Chicago Press, 281-298.

Chan, Wendy and George S. Rigakos, 2002, "Risk, Crime and Gender" *British Journal of Criminology* 42 (4) : 743-761.

文 献

安部計彦，2019,「ヤングケアラーと子どもへの権利侵害——ネグレクト調査の再分析から」『西南学院大学人間科学論集』15（1）：75-117.

Agamben, Giorgio, 2003, *Stato di eccezione*, Toriento: Bollati Boringhieri.（= 2007, 上村忠男・中村勝己［訳］『例外状態』未來社.）

Akkan, Başak, 2019, "An Egalitarian Politics of Care: Young Female Carers and the Intersectional Inequalities of Gender, Class and Age " *Feminist Theory* 21（1）：47-64.

Alaszewski, Andy and Adam Burgess, 2007, "Risk, Time and Reason（Editorial）" *Health, Risk & Society* 9（4）：349-358.

Altman, Julie Cooper, 2008, "Engaging Families in Child Welfare Services: Worker Versus Client Perspectives" *Child Welfare* 87（3）：41-61.

Aldridge, Jo and Saul Becker, 1993, Children Who Care: Inside the World of Young Carers. Leicester: Department of Social Science, Loughborough University.

Aldridge, Jo, 2018, "Where are We Now? Twenty-five Years of Research, Policy and Practice on Young Carers" *Critical Social Policy* 38（1）：155–165.

Aldridge, Jo and Saul Becker, 1996, "Disability Rights and the Denial of Young Carers: The Dangers of Zero-sum Arguments" *Critical Social Policy*16（48）：55-76.

Appell, Annette R., 1998, "On Fixing（Bad）Mothers and Saving Their Children" Molly Ladd-Taylor and Lauri Umansky（eds.）, *Bad Mothers: The Politics of Blame in Twentieth-Century America*, New York: New York University Press, 356-380.

Armstrong, David, 1995, "The Rise of Surveillance Medicine" *Sociology of Health & Illness* 17（3）：393–404.

Ayre, Patrick, 1998, "Significant Harm: Making Professional Judgements" *Child Abuse Review* 7（5）：330–342.

Baird, Christopher and Dennis Wagner, 2000, "The Relative Validity of Actuarial- and Consensus-Based Risk Assessment systems" *Children and Youth Services Review* 22（11-12）：839-871.

Barn, Ravinder, 2007, " 'Race', Ethnicity and Child Welfare: A Fine Balancing Act" *The British Journal of Social Work* 37（8）：1425–1434.

David） 70
ベック、ウルリッヒ（Beck, Ulrich） 69, 72, 212, 213
ベッカー、ソール （Becker, Saul） 186-188, 190, 191, 194, 197, 200
ブラウン、デブラ（Brown, Debra） 76, 92
カステル、ロバート（Castel, Robert） 61, 62
コーエン、ステファン （Cohen, Stephan） 217
ディングウォール、ロバート（Dingwall, Robert） 74, 78
フーコー、ミシェル（Foucault, Michel） 61, 161
フレイモンド、ナンシー（Freymond, Nancy） 102, 104-109, 129
ギャンブリル、アイリーン（Gambrill, Eileen） 79
ギルバート、ニール（Gilbert, Neil） 103, 104, 223
ハナ - モファット、ケリー（Hannah-Moffat, Kelly） 65, 88, 100
ハートマン、アン （Hartman, Ann） 161, 162
ヒリヤード、パディ （Hillyard, Paddy） 215-217
ホーイット、デニス（Howitt, Dennis） 54
キース、ロイス （Keith, Lois） 188-198, 215
ケンペ、ヘンリー（Kempe, Henry） 33, 34, 36, 37, 40, 41, 44, 45, 152, 169, 209
キテイ、エヴァ（Kittay, Eva） 197
コービン、ジル （Korbin, Jill） 169, 171, 202, 215
マートン、ロバート （Merton, Robert） 212, 213
モリス、ジェニー （Morris, Jenny） 188-198, 201
オマリー、パット（O' Malley, Pat） 60, 61, 63, 64, 67, 70
ペイネ、マルコム（Payne, Malcolm） 224
ピーズ、ボブ（Pease, Bob） 224
ペルトン、リーロイ （Pelton, Leroy） 164, 206, 207
ポラック、ショシャナ（Pollack, Shoshana） 75, 77, 91, 99
リーチ、ジェニファー （Reich, Jennifer） 100, 134
スコット、ジェイムス（Scott, James） 221
シュロンスキー、アロン（Shlonsky, Aron） 79
スミス, アナ・マリー（Smith, Anna Marie） 157
サスマン、アラン （Sussman, Alan） 34, 217
ウォールド、マイケル （Wald, Michael） 75, 78
ワラス、ジョン（Wallace, John） 224

文明国家　29, 32
ペアレンティング　77, 189
『米国医学誌 Journal of the American Medical Association』　33
ベーシックインカム　219
保育所　8, 12, 56, 98, 115, 117, 128, 132, 173, 177, 183, 218, 233
保険数理　10, 48, 59, 60, 65, 98
母子家庭　83, 89-93, 96, 97, 137, 141, 210
母子手帳　9, 56, 58, 66, 81, 135, 214
母子保健　4, 55, 56, 72, 83, 134, 135

〈ま行〉

見守り　4, 89, 93, 127, 172, 193, 218
民族　5, 10, 31, 32, 75, 156
目視　10, 21, 22, 128

〈や行〉

ヤングケアラー　12, 13, 184-201, 211, 218, 231
優生学　157
揺さぶられっ子症候群（SBS/AHT）　7, 11, 56, 111, 114, 116, 122, 123, 215, 225, 229, 232, 234

〈ら行〉

リスクアセスメント・ウォーズ　73, 81
例外　124, 159, 161, 167, 181, 230
「例外状態」　158, 159, 160, 163
レントゲン　10, 21, 22, 32, 33, 35, 39

■人名索引

池田由子　40, 41
堅田香緒里　219
北野尚美　167
小林登　34, 41, 44
斎藤学　50
桜井智恵子　219
笹倉香奈　140, 226, 228, 229, 231, 232
佐竹良夫　35, 36, 38
佐藤純一　71, 95
三田谷啓　27, 29-31
下村宏　31, 32, 43
高屋豪瑩　37, 38
辻京子　89-97, 182, 209
中村紀夫　229
生江孝之　24, 28, 31
新田康郎　36-38
橋本清　35, 36-39
原胤昭　23, 24, 28-30
松木洋人　204
山室軍平　23, 24, 27-29, 31
我妻洋　171

アガンベン、ジョルジョ（Agamben, Giorgio）　158, 159
アカン、バサク（Akkan, Başak）　201
オルドリッジ、ジョ（Aldridge, Jo）　186, 188, 190, 191, 194, 195, 197, 200, 201
アペル、アネット（Appell, Annette）　125, 133
アームストロング、デイビッド（Armstrong,

生活保護　82, 144, 156
責任主体　97, 100, 101, 105, 130, 223
セラピー　99, 212
先住民　104, 106, 133, 167, 169, 170
ソーシャルハーム・アプローチ　13, 202, 214-216
ソーシャルワーク　87, 127, 133, 160-164, 166, 167, 181, 224, 225
『ソーシャルワーク誌』　161

〈た行〉

第一次近代　213
第二次近代　213
DV　93, 131, 180
多文化　75, 166
　ソーシャルワーク, 167, 181
多様性　10, 75, 133, 134, 135, 137, 181
調査と援助の二重の役割　163
通 告　3, 11, 14, 56, 57, 59, 97, 102-105, 180-110, 114, 122, 126, 128, 132, 136, 149, 151, 152, 158, 172, 180, 203, 204, 217, 233
抵抗　62, 76, 95, 145, 221, 224
　ソーシャルワーカー　224
逃避　93, 221
特定妊婦　220
特定病因論　71
トラウマ　44, 50, 51, 65, 124, 153

〈な行〉

内務省　24, 26, 29
中村I型　114, 229
日本ケアラー連盟　184, 193, 199
日本子どもの虐待防止学会　44, 50
乳児家庭全戸訪問事業(こんにちは赤ちゃん事業)　9, 56, 182, 214
ネオリベラリズム　223, 224
　福祉　97-101
　福祉国家　100, 223
ネグレクト　5, 11, 13, 113, 114, 123, 132, 150, 162, 185, 196, 210, 211, 215, 216, 218

〈は行〉

ハイブリッド統治　48, 59, 65
ハイリスク　46, 55, 76, 77, 92, 96, 100, 105, 220, 233
バタード・チャイルド・シンドローム(被虐待児症候群)　10, 22, 33-38, 40, 43, 50, 152, 169, 209
発達障害　89, 91, 93, 96, 156
PA(パーソナルアシスタンス)　198
はつちゃん事件　24
被虐待歴　77, 82, 88, 125, 153, 155, 156, 219
病理化　77, 79, 129
貧困　6, 78, 99, 100, 107, 162, 182, 199, 207, 208, 210, 213, 215, 216
福祉国家　88, 223
「不十分な親」　13, 184, 185, 189, 192, 193, 194, 196,
不登校　88, 223

経済的困窮　88, 172
健診　4, 9, 58, 66, 83, 126, 132, 172-174, 214, 233
厚生労働省　45, 52, 53, 55, 85, 122, 127, 151-153, 158, 171, 185, 192, 200, 220, 225, 228, 230, 231
国家権力の翻訳者　222
『子ども虐待対応・医学診断ガイド』　122, 228
『子ども虐待対応の手引き』　46, 122, 127, 228
子どもの権利条約　139, 150, 151, 157, 159, 166, 180
子どもの貧困　209, 210, 216
誤認保護　12　81
コミュニティ・ケアリングシステム　102, 104, 106, 108, 129, 132, 135, 137, 170
『今日の小児治療指針』　57
『今日の治療指針』　42

〈さ行〉

再生産労働　221
再配分　213, 217, 219
三徴候　226, 227, 228
ジェンダー　5, 75, 77, 84, 89, 94, 100, 133, 156, 199, 200, 201, 221
自己責任　69, 98, 206, 211, 212, 223
施設入所措置　67, 124, 181, 211, 218
児相叩き　112
「児童虐待エラー」　54
児童虐待防止等に関する法律（「児童虐待防止法」と略）　14, 46, 57, 121, 122, 122, 152, 173, 202, 207, 219
児童虐待防止法（帝国議会）　10, 22, 24-26, 29, 43
児童保護志向　11, 103, 223
児童保護システム　102, 104, 105, 108-110, 121, 126, 129-132, 135, 170
社会自衛　30, 31
社会事業　28, 29, 43
社会正義　224
社会福祉の危機　224
社会変革　224
『弱者の武器』　221
主体性（エージェンシー）　221
出獄人保護　23
障害学　188, 192, 201
障害者総合支援法　192
小児科学　10, 22, 34, 35, 37, 38, 40-44, 152, 209
小児放射線　33
承認　13, 135, 169, 198, 201, 217-219, 230
自立生活運動　188
思慮深い市民　98
シングルマザー　120, 164, 170, 172 206
信頼関係（ラポール）　120, 127, 164, 165
心理化　48, 53, 77
スウェーデン政府機関の検証チーム　226, 229, 231
健やか親子21　55, 56, 132, 134, 138, 220, 231
スティグマ　77, 105, 107, 130

索　引

■事項索引

〈あ行〉

アイデンティティ　201, 203, 204, 218
赤坂の鬼夫婦事件　23
アダルト・チルドレン　50
アディクション（嗜癖）　50
アノミー論　212
アルコール依存　83, 118, 119, 123
依存
　不可避の依存　197
　二次的依存　197
一時保護　4, 5, 7, 9, 11, 12, 59, 67, 79, 81, 89, 110-114, 116, 118, 119, 121-124, 126, 130, 139-143, 146-151, 156-158, 164, 181, 204, 211, 226
インターセクショナリティ　156, 201
AI リスクアセスメント　225, 231
『英国医学誌 British Medical Journal』　186
英国保健省　186, 189
ADHD　211
エジンバラ鬱尺度　56, 116
エスノセントリズム（自己文化中心主義）　169, 181
「SBS 検証プロジェクト」　228, 229, 232, 234
エンパワーメント　94, 100, 101
親業クラス　14
親子分離　6, 11, 102, 105, 109, 203, 206, 226
「親の嘘」　33, 35, 39

〈か行〉

外国人（外国籍）　4, 12, 62, 135, 155, 167-168, 172-183
介護保険　130, 131
階層　27, 35, 37, 71, 77, 90, 156, 201, 206-209, 213
カウンセリング　14, 48, 51, 52, 63, 65, 67, 89, 94, 119, 120, 212
拡大家族　106
確率論的病因論　71
家族再統合プログラム　8, 11, 110, 114, 119, 124, 203
家族サービスシステム　102, 104, 106-109, 129, 137
家族療法　14, 48
家庭訪問　9,55, 62, 81, 90, 116, 214
関西テレビ　229, 232
偽装された無知　221
虐待の世代間連鎖　124, 153, 157
救世軍　23　24, 28, 31
規律型　61-65
『クリティカル・ソーシャル・ポリシー誌』　188, 192, 195

◉本書のテクストデータを提供いたします

本書をご購入いただいた方のうち、視覚障害、肢体不自由などの理由で書字へのアクセスが困難な方に本書のテクストデータを提供いたします。希望される方は、以下の方法にしたがってお申し込みください。

◎データの提供形式：CD-R、フロッピーディスク、メールによるファイル添付(メールアドレスをお知らせください)

◎データの提供形式・お名前・ご住所を明記した用紙、返信用封筒、下の引換券（コピー不可）および200円切手（メールによるファイル添付をご希望の場合不要）を同封のうえ弊社までお送りください。

◉本書内容の複製は点訳・音訳データなど視覚障害の方のための利用に限り認めます。内容の改変や流用、転載、その他営利を目的とした利用はお断りします。

◎あて先：
〒160-0008
東京都新宿区四谷三栄町 6-5 木原ビル 303
生活書院編集部　テクストデータ係

キリトリ線

【引換券】
虐待リスク

著者紹介

上野加代子

（うえの・かよこ）

大阪市立大学大学院生活科学研究科生活福祉学専攻後期博士課程単位取得退学
大阪府立大学大学院人間文化学研究科・博士（学術）
現在：東京女子大学現代教養学部教授

主な著書：
『児童虐待の社会学』世界思想社、1996年
『国境を越えるアジアの家事労働者――女性たちの生活戦略』世界思想社、2011年
"Transgressing the City-State: Migrant Domestic Workers in Singapore" (Rachel Silvey, Danièle Bélanger, Resmi Setia Milawati, and Kayoko Ueno) Nadine Cattan and Laurent Faret (eds.) *Hybrid Mobilities Transgressive Spatialities*, Routledge, 2022.

虐待リスク
――構築される子育て標準家族

発　行――――　2022年1月25日　初版第1刷発行
著　者――――　上野加代子
発行者――――　髙橋　淳
発行所――――　株式会社　生活書院
〒160-0008
東京都新宿区四谷三栄町6-5 木原ビル303
TEL 03-3226-1203
FAX 03-3226-1204
振替 00170-0-649766
http://www.seikatsushoin.com
印刷・製本――　株式会社シナノ

ISBN 978-4-86500-135-8